JN091716

教育現場と研究者のための
著作権ガイド

上野達弘 編

FOR EDUCATORS AND RESEARCHERS

有斐閣

はしがき

　世界中に混乱を巻き起こした新型コロナウィルスの感染拡大は，教育機関にも大きな影響をもたらした。2020年2月には，政府が全国の小中高校等に臨時休校を要請し，同年4月からは大学を中心とする全国の教育機関において広くオンライン授業が行われた。

　すでにわが国は，情報通信技術を活用した教育のデジタル化（ICT教育）に対応するための著作権法改正を2018年5月18日に成立させていたが（平成30年法律第30号），この改正は，公布日（同月25日）から3年内に施行するとされたまま（同改正法附則1条2号），未施行となっていた。それが，新型コロナウィルス感染拡大の影響を受けて2020年4月28日に緊急施行され，これにより改正35条に基づいたオンライン授業が可能になったのである。

　もっとも，著作権法35条については，現行法施行後50年たった現在でも裁判例が1件もなく，いまだに解釈の余地のある論点が多い。そのため，教育関係者・権利者・有識者で構成する「著作物の教育利用に関する関係者フォーラム」が「改正著作権法第35条運用指針」（ガイドライン）をとりまとめており，2020年12月24日には2021年度版が公表されるに至っている。しかし，なおも関係者間には様々な意見があるものと推察され，また，現場ではガイドラインに書かれていない様々な事例が日々生じている中，判断に悩むことも多かろう。

　本書は，そうした教育現場のための著作権ガイドである。

　ただ，現場では著作権法35条のみならず他の条文も問題になり，また，教員のみならず生徒・学生，あるいは職員による様々な活動も問題になろう。さらに，特に大学においては教員・学生等による研究活動に関して，研究倫理の問題も生じ得よう。こうして本書は，教育現場および研究者が直面する様々な

問題を取り上げて，場面ごとに対処法をまとめたガイドブックを目指すことになった。

　各章の執筆を担当しているのは，すべて知的財産法を研究する大学教員である。教育の現場で普段から著作権法を研究教育し，また自ら著作権を有する著者でもある筆者たちがどのような見解を示すのかご注目いただきたい。その際，上記ガイドラインは，関係者間で一定の共通認識が得られたものとして参照されるが，それ自体に法的拘束力があるわけではなく，最終的な法解釈は裁判所に委ねられることになるため，本書がガイドラインと常に一致しているとは限らないことをご了解いただきたい。具体的な記載内容については各執筆者の見解であり，その所属組織はもちろん，有斐閣をはじめ出版社の見解を代表するものではないことを申し添えておく。

　本書が世に出ることができたのは，有斐閣書籍編集部の藤本依子さんと荻野純茄さんのご尽力によるものである。本書の骨子は，2019 年 3 月にお二人と共に私の研究室にやってきた企画書に，ほぼ完成していた。また本書は，様々な立場の方にご愛読いただくべく，一読して理解しやすいようなレイアウト上の工夫（例：判断基準となる記述部分を**太字**，具体的結論を網掛け）を施したり，巻末に各種情報やチャート等の資料をつけたりしているが，これらも編集者のアイディアによって生み出されたものである。早期の刊行が求められる中，ありがたいことに各章を担当された著者の先生方には短期間でお原稿をおまとめいただいた。編者がこれほどまでに楽をできた本も珍しいのではなかろうか。

　そんな本書が，幅広い関係者に長く愛読されることを祈る。

　緊急事態宣言が続く東京にて
　2021 年 2 月

　　　　　　　　　　　　　　　　　　　　　　　　　上野　達弘

著者紹介

第1章　　上野 達弘（うえの たつひろ）
　　　　　　早稲田大学法学学術院教授

第2章　　今村 哲也（いまむら てつや）
　　　　　　明治大学情報コミュニケーション学部教授

第3章　　山神 清和（やまがみ きよかず）
　　　　　　東京都立大学法学部教授

第4章　　横山 久芳（よこやま ひさよし）
　　　　　　学習院大学法学部教授

第5章　　谷川 和幸（たにかわ かずゆき）
　　　　　　関西学院大学法学部准教授

第6章　　小島 立（こじま りゅう）
　　　　　　九州大学大学院法学研究院教授

目次

Q 一覧

第 1 章　著作権のある著作物とは？

第 2 章　教員による著作物利用と著作権

た。この場合，著作権者の許諾を得なくても，録画した当該テレビ番組を授業で上映することはできるか。… 050

第3章　学生・生徒による著作物利用と著作権

不特定多数から閲覧できる状態で公開している。また，YouTube で用いられるアカウントのアイコンには，人気アニメのキャラクターをそのまま縮小して用いている。これらの行為は著作権法上，禁止されるのか。… 092

Q48. 学生 A が，自らのブログに書いた記事において，動画配信サイトで配信されている動画αをインラインリンクで埋め込んで表示させている。ところで，動画αは著作権者以外の者 B が，著作権者 C の許諾を得ることなくアップロードしたものであった。この学生の行為は著作権法上どのような責任を負うか。… 096

Q49. 学生が，違法にネット上にアップロードされた動画へのリンクを Twitter でシェアしたり，違法に公衆送信されている複数の動画へのリンクをまとめたサイトを運営したりしているようである。アップロード行為自体は，第三者が行っている場合には，著作権法上問題はないと考えてよいか。… 098

Q50. 学生 A が，ネットで無料公開されている猫の写真αを，Twitter に当該写真データをアップロードする形で，ツイートした。A は猫の写真の著作者 B の許諾を得ていない。その後，C が A のツイートをリツイートした。αには B の著作権表示が右下に埋め込まれていたが，Twitter の仕様によりツイート，リツイートされたタイムラインに並ぶ段階では自動的なトリミングが行われるため表示されず，具体的に当該画像をクリックして初めて表示されるようになっていた。C の行為は著作者人格権の侵害となるか。… 099

Q51. 大学の演劇部に所属している学生達が，自分達で台本を作れないので，ネットで公開されている台本をダウンロードし，各部員に配布して練習をしている。このような趣味で行っている行為は，著作権法でいう私的複製であり，著作権者の許諾なく行うことができるか。… 102

Q52. レンタルされた DVD や BD を，生徒達が返却後も自分で見たいと考えて，いわゆるリッピング行為を行っている。まさに自分で見るための複製の作成であるので，著作権法で許される私的複製に当たり，著作権法上適法に行えると考えてよいか。… 105

Q53. 自宅に大量に書籍を保有する生徒がいわゆる自炊代行業者に依頼して，書籍を複製している。できあがったスキャンデータは，その生徒の私的使用目的に限定されるならば，著作権法上許されるか。… 106

Q54. 映画館で上映されている映画を学生が，スマートフォンの動画撮影機能で，全て録画している。生徒曰く，あとでその映画を自宅で再度楽しむために録画しているのだから，問題ないと主張している。これは放置していてよいものか。… 107

Q55. 令和 2 年の著作権法改正においては，いわゆるダウンロード違法化の対象が拡大されたと聞く。新しい制度を生徒にどのように説明するべきか。… 108

Q56. 自分の趣味のために使用する資料として，書籍の一部を図書館のコインコピーで複写しようとしたところ，短い文章にもかかわらず，その半分しか複写が許されなかった。図書館がそのように複写を禁止する根拠は何か。… 109

Q57. 写真の投稿を中心とした Instagram と呼ばれる SNS において，学生が様々な写真を撮影し，アップロードしている。それらの写真には，主要被写体以外に他人の著作物が写り込んでいることがあるが，問題はないか。… 111

Q58. 我が校のインターアクト部では，コロナ禍で職を失った方々に対する支援のためのチ

ャリティーコンサートを計画している。このチャリティーコンサートは、学校の講堂を舞台として行うが、三密回避のため、学外へのライブ配信も計画している。コンサートではなるべく支援金を多く得るため、プロの演奏者は無報酬での参加を約束してくれている。このようなチャリティーコンサートにおける楽曲の使用（演奏）は 38 条 1 項の適用があるため、著作権者の許諾なく行ってよいと考えているが、このような認識でよいか。… 114

第 4 章　学校による著作物利用と著作権

第 5 章　研究・論文における著作物利用と著作権

第6章　学生・生徒への著作権教育

凡例

本文

判断基準となる記述部分を**太字**，具体的結論を網掛けで強調する。

法令

著作権法については，原則として法令名を省略し条数のみを記す。

法令文中の旧かなづかい等は現代表記に改める。

判例

出典の表記に以下の略語を用いる。

最判	最高裁判所判決	**民集**	最高裁判所民事判例集
高判	高等裁判所判決	**無体裁集**	無体財産権関係民事・行政裁判例
知財高判	知的財産高等裁判所判決		集
地判	地方裁判所判決	**判時**	判例時報
		判夕	判例タイムズ

判例集未登載のものは事件番号を記す。

判決文中の旧かなづかい等は現代表記に改める。

文献

出典の表記に以下の略語を用いる。

逐条 加戸守行『著作権法逐条講義〔6訂新版〕』（著作権情報センター，2013年）

中山 中山信弘『著作権法〔第3版〕』（有斐閣，2020年）

入門 島並良＝上野達弘＝横山久芳『著作権法入門〔第3版〕』（有斐閣，2021年）

小学校学習指導要領（平成29年告示） 文部科学省「小学校学習指導要領（平成29年告示）」（2017年）（https://www.mext.go.jp/content/1413522_001.pdf）

中学校学習指導要領（平成29年告示） 文部科学省「中学校学習指導要領（平成29年告示）」（2017年）（https://www.mext.go.jp/content/1413522_002.pdf）

高等学校学習指導要領（平成30年告示） 文部科学省「高等学校学習指導要領（平成30年告示）」（2018年）（https://www.mext.go.jp/content/1384661_6_1_3.pdf）

第 1 章

著作権のある
著作物とは？

　われわれの身の回りには，文章，写真，図表，映像，音楽と
いったコンテンツが多数あるが，その全てに著作権があるわけ
ではない。著作権が存在するコンテンツを利用する場合は，著
作権侵害にならないように留意する必要があるが，著作権が存
在しないコンテンツは著作権を気にせず自由に利用できる。し
たがって，著作権があるかないかは大きな問題である。本章で
は，著作権のある著作物とはどのようなものか，そして，著作
権があっても基本的に自由利用できる「フリー素材」について
解説する。

〈上野達弘〉

第1節 著作物とは

1 創作性

Q1.

そもそも，著作権というのはどのようなものにあるのか。例えば，統計上の数値やグラフ・図表にも，著作権はあるのか。

A.

著作権は，「創作性」のある表現に認められるものである。事実やデータは，創作性のある表現ではないため，それ自体には著作権がない。また，事実やデータをもとに作成したグラフ・図表も，一般的な手法で表現したに過ぎないものは，創作性が認められないことが多い。

解説

(1) 著作物＝「創作性」のある表現

著作物とは，「思想又は感情を創作的に表現したものであって，文芸，学術，美術又は音楽の範囲に属するもの」と定義されている（2条1項1号）。したがって，創作性のある表現は著作物として保護されるが，創作性のない表現は著作物として保護されない。

著作権法上の「創作性」とは，独創性というような高いレベルは必要なく，著作者の「個性」が何らかの形であらわれていればよい。そのため，プロの作家が創作した作品のみならず，素人が作った詩や子供が描いた絵でも，その人なりの個性があらわれていると考えられるため，創作性は認められる。

これに対して，ある表現を行おうとすれば，誰がやっても同じようなものにならざるをえない「ありふれた表現」は，個性があらわれているとはいえず，

創作性が認められない。

　では，具体的に，創作性のない表現とはどのようなものか。以下では，教育・研究の場面に関わりのありそうな具体的事例を通じて，創作性のない表現を紹介しよう。

①　客観的事実・データ

　まず，客観的な事実やデータそれ自体（例：フランス革命＝1789 年，東京スカイツリーの高さ＝634 メートル）は，そもそも人が作り出したものではなく，創作性は認められないため，著作物として保護されない。たとえ，その事実を発見したり確定したりするために多大な費用や労力，あるいは，独創的な研究を要した場合でも，事実やデータは人が作り出したものでない以上，創作性がないという結論に変わりはない。

②　短文・定義

　また，客観的な事実やデータをもとに表現した文章であっても，それが非常に短くシンプルなもの（例：「フランス革命が勃発したのは 1789 年である。」「東京スカイツリーの高さは 634 メートルである。」）であれば，誰がやっても同じような表現にならざるをえないため，作者の個性があらわれているとはいえず，創作性は認められない。同様に，ある言葉の意味をごく短い文章で表現した「定義」についても，同じ内容を表現しようとすれば誰がやっても同じような表現にならざるをえない場合は，作者の個性があらわれているとはいえず，創作性は認められない。

　▶裁判例　　ある研究者が作成した「城」の定義――「城とは人によって住居・軍事・政治目的をもって選ばれた一区画の土地と，そこに設けられた防御的構築物をいう」――の著作物性が問題になった事件がある。裁判所は，「原告の学問的思想と同じ思想に立つ限り同一又は類似の文言を採用して記述する外はな」いとして，この定義は創作性が認められないとした〔「日本の城の基礎知識」事件[*1]〕。

第 1 節　著作物とは

　また，ある大学の元教授が，自己が執筆した解剖実習に関する書籍における解剖手法を表した文章を，後任の教授がテキストに無断利用して学生に配布したことに対して，著作権侵害等を理由とする訴訟を提起した事件がある。解剖方法というものそれ自体は，抽象的なアイディアであるため著作物として保護されないが（→ p.014），それを表現した文章に創作性があるかどうかが問題となったのである。裁判所は，両者を比較して，「短文ないし文節単位で見れば，本件書籍のものと同一の，あるいはこれと類似する表現が，他の類書に比較して多く，被告テキストは，本件書籍へ依存しており，その依存度には大きいものがある，という印象が否めない」としながらも，「アイデアが同一である以上，これを表現すれば，ほぼ同一の表現にならざるを得ないものと認められるから，2つの文のみからなる原告記述……について，その表現上の創作性ないし個性を認めることは困難であ」るとして，当該文章は著作物に当たらないとした〔「解剖実習の手引き」事件*2〕。

③　一覧表

　大量の事実やデータをまとめて一覧表にしたものであっても，事実やデータの選択や配列に創作性があれば「編集著作物」として保護されるが（12条），事実やデータを単に時系列に並べたに過ぎない一覧表は（例：東京における毎日の降水量を時系列で100年分まとめた表），誰が作成しても同じようなものにならざるをえないため，作者の個性があらわれているとはいえず，創作性は認められない。たとえ，その一覧表の作成に多大な費用や労力を要したとしても，誰が作成しても同じようなものにならざるをえない以上，創作性がないという結論に変わりはない。

▶裁判例　　ある作家（松本清張）の小説のうち映画化されたものを全て一覧表にしたリスト（【図表1】）の著作物性が問題になった事件がある。裁判所は，このリストについて「著作物として保護すべき創作性を有するものとは認められない」としたうえで，「著作権法により編集物著作物として保護されるのは，

---

*1　東京地判平成6年4月25日判時1509号130頁。
*2　東京高判平成13年9月27日判時1774号123頁。

【図表1】

別紙　松本清張作品映画化リスト

No.	題名	封切年	製作会社	監督	脚本	主な出演者
1	顔	1957 昭32	松竹	大曾根辰保	井手雅人 瀬川昌治	大木実・岡田茉莉子
2	張込み	1958 昭33	松竹	野村芳太郎	橋本忍	大木実・高峰秀子
3	眼の壁	1958 昭33	松竹	大庭秀雄	髙岩肇	佐田啓二・鳳八千代
4	共犯者	1958 昭33	大映	田中重雄	髙岩肇	根上淳・船越英二
5	点と線	1958 昭33	東映	小林恒夫	井手雅人	高峰三枝子・南広
6	影なき声（声）	1958 昭33	日活	鈴木清順	秋元隆太 佐治乾	南田洋子・二谷英明
7	かげろう絵図	1959 昭34	大映	衣笠貞之助	衣笠貞之助 犬塚稔	市川雷蔵・山本富士子
8	危険な女（地方紙を買う女）	1959 昭34	日活	若杉光夫	原源一郎	渡辺美佐子・芦田伸介
9	波の塔	1960 昭35	松竹	中村登	沢村勉	有馬稲子・津川雅彦
10	黒い画集・あるサラリーマンの証言（証言）	1960 昭35	東宝	堀川弘通	橋本忍	小林桂樹・原知佐子
11	黒い樹海	1960 昭35	大映	原田治夫	長谷川公之 石松愛弘	根上淳・藤巻潤

【図表2】

原告図表3

（平成19年7月12日 通販新聞 甲3の2）

TV通販主要30社の売上高ランキング

単位：百万円,増減率：%（▲はマイナス,※：本紙推定,◎：在参照）

順位	会社名	テレビ通販売上高	前期実績 増減率	決算期
1	ジュピターショップチャンネル	◎ 99,718	31.0	12月
2	QVCジャパン	◎ 73,378	26.0	12月
3	ジャパネットたかた	33,480	30.5	12月
4	オークローンマーケティング	※ 20,500	33.1	3月
5	ディノス	11,872	▲3.3	3月
6	ガシー・レンカー・ジャパン	◎※ 11,000	37.5	12月
7	エバーライフ	10,000	▲12.3	3月
*	椿	※ 10,000	—	9月
9	三越	8,500	▲5.0	2月
10	日本文化センター	※ 8,400	—	5月
11	プライム	7,661	28.1	6月
12	クランマルシェ	◎ 7,397	18.2	3月
13	トーカ堂	7,000	7.2	6月
*	テレビショッピング研究所	※ 7,000	32.0	3月
15	テレビ朝日	◎ 6,709	2.2	3月
16	キューサイ	※ 6,615	—	2月
17	日本テレビ放送網	◎ 5,780	212.4	3月
18	東京テレビランド	◎ 4,657	114.6	8月
19	ロプティ	※ 4,000	—	8月
20	メディア・プライス	※ 3,720	30.6	4月
21	関西テレビハッズ	2,980	▲0.9	3月
22	ベストワーク	◎※ 2,800	—	3月
23	デジタルダイレクト	2,500	0.0	2月
24	アサヒ緑健	※ 2,000	—	3月
25	サントリー	1,756	17.1	12月
26	テレビ東京ダイレクト（旧プロント）	1,557	75.5	3月
27	フィッシュランド	◎ 1,242	▲5.0	6月
28	野草酵素	1,200	—	10月
*	元気堂本舗	※ 1,200	—	8月
30	八幡物産	1,193	35.9	8月

注：調査は06年4月期から07年3月期まで。◎はネット通販の売上高を含む。ジュピターショップチャンネルは催事販売も含む。テレビ朝日は通販子会社との合計数字。テレビショッピング研究所、ベストワークは一部、卸販売等の売上高も含む。

編集物に具現された素材の選択・配列における創作性であり，素材それ自体の価値や素材の収集の労力は，著作権法によって保護されるものではないから，仮に原告が事実情報の収集に相当の労を費やし，その保有する情報に高い価値を認め得るとしても，そのことをもって原告リストの著作物性を認めることはできない」と判示した〔松本清張作品リスト事件*3〕。

また，テレビ通販を行っている企業について，売上高上位30社をその順位を縦一列に並べるとともに，それぞれの売上高・前年比増減率・決算期を表記した一覧表（【図表2】）の著作物性が問題になった事件がある。裁判所は，「特定の業界におけ

る特定の年度の経済動向を説明するに際して，当該年度における当該業界に属する各企業の『売上高』，『売上高の前年比増減率』及び『決算月』という素材を選択し，売上高に応じて各企業に順位を付し，売上高の大きいものから順に配列するという方法が，原告図表３が通販新聞に掲載される以前から一般的に行われていたものである」などとして，著作物に当たらないとした〔「最新　通販業界の動向とカラクリがよ〜くわかる本」事件*4〕。

④　グラフ

大量の事実やデータをもとにしたグラフ（棒グラフ，円グラフ等）も，誰がやっても同じようなものにならざるをえないような，ありふれた表現の場合は，創作性が認められず，著作物として保護されない。

▶裁判例　　研究所の元上司が大学に提出した博士論文において自己の実験データを表したグラフが無断利用されたことが著作権侵害に当たると主張して，この大学に対して学位の取消し等を請求した事件がある（実際のグラフの内容は不明）。裁判所は，「実験結果等のデータ自体は，事実又はアイディアであって，著作物ではない以上，そのようなデータを一般的な手法に基づき表現したのみのグラフは，多少の表現の幅はあり得るものであっても，なお，著作物としての創作性を有しないものと解すべきである」としたうえで，「本件図表は，……その体裁に照らせば，いずれも，Ｃ研究室が高硫黄・高金属常圧残油の水素化分解触媒の開発について行った実験の結果等のデータを，一般的な通常の手法に従って，データに忠実に，線グラフや棒グラフとして表現したものであると認められる。したがって，本件図表は，著作物に当たらない」と判示した〔工学博士論文事件*5〕。

また，通販市場に関するグラフの著作物性が問題になった事件がある〔前掲・「最新　通販業界の動向とカラクリがよ〜くわかる本」事件*6〕。裁判所は，過去25年間における各年度の売上高と前年比増減率を棒グラフと折れ線グラフで

---

*3　東京地判平成 11 年 2 月 25 日判時 1677 号 130 頁。
*4　東京地判平成 22 年 2 月 25 日（平成 20 年（ワ）第 32147 号）。
*5　知財高判平成 17 年 5 月 25 日（平成 17 年（ネ）第 10038 号）。
*6　前掲注 4・東京地判平成 22 年 2 月 25 日。

【図表3】

原告図表1

（平成20年4月24日通販新聞甲1の2）

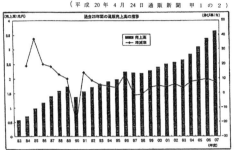

【図表4】

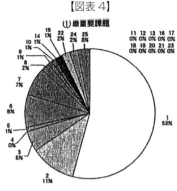

表現したもの（【図表3】）について，「通販・通教業界における年次ごとの経済動向を一覧性を持たせて分かりやすく説明するために，一定の期間を定めて，同業界における年度ごとの売上高や，その増減率を集計して，これを一覧表にしたり……，売上高の推移を棒グラフで表したり……，売上高の増減率の推移を折れ線グラフで表し，同期間における売上高の推移を表すグラフと組み合わせたりすること……などは，原告図表1が通販新聞に掲載される以前から一般的に行われていたことであり，ありふれたものであった」と述べ，また，「現在における最重要課題」というアンケート結果について，各選択肢を選んだ企業数と全体に占める割合をまとめた円グラフ（【図表4】）についても，「複数の選択肢を用いる形式のアンケートについて，その結果を一覧性を持たせて分かりやすくするために，選択肢ごとの回答数が全回答数に占める割合に応じて円グラフにすることが，一般的に行われる方法である」と述べて，いずれも創作性が認められないとした。

⑤　地図

地図も，客観的な事実をそのまま表現したに過ぎないものであれば，誰がやっても同じようなものにならざるをえないため，作者の個性があらわれているとはいえず，創作性は認められない（なお，地図や航空写真等については，著作権のあるものでも「フリー素材」として提供されているものが多い。→ p.023）。

▶裁判例　　ガイドブックに掲載された地図の著作権侵害が問題になった事案

で，裁判所は，「一般に，地図は，地形や土地の利用状況等を所定の記号等を用いて客観的に表現するものであって，個性的表現の余地が少なく，文学，音楽，造形美術上の著作に比して創作性を認め得る余地が少ないのが通例である」と述べたうえで，【図表5】の地図について，「既存の地図を基に，史跡やバス停留所の名前を記入したという以外には，さしたる変容を加えていないので，特段の創作性は認められない」として，著作物に当たらないとした〔「ふぃーるどわーく多摩」事件[7]〕。

⑥　ロゴ

　企業のロゴについても著作物性が問題になりうる。特に，文字をもとにしたロゴの場合，文字として読める必要性があること等から，表現の選択の幅が限られ，創作性が認められにくいと考えられる。裁判例においても，ロゴについて創作性を否定したものが少なくない〔アサックス事件：控訴審[8]【図表6】，住友建機株式会社ロゴ事件[9]【図表7】〕。もっとも，一般論としては様々なロゴがありうるところであり，その形状や色彩等によって創作性が認められ，著作物として保護されるものもありえよう。

【図表5】　　　　　　　　　　【図表6】　　　　　【図表7】

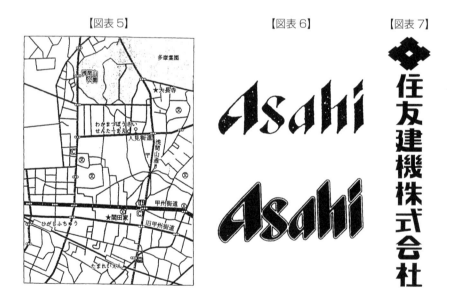

(3)　創作性のあるもの

　以上では，創作性のない表現をみてきたが，他方で，創作性のある表現は著作物として保護される。前述のように，**著作権法上の「創作性」とは，独創性までは必要なく，著作者の個性が何らかの形であらわれていればよい**。したがって，誰がやっても同じようなものにならざるをえない「ありふれた表現」は創作性が否定されるが，**それなりに作者の個性があらわれているといえる表現は，創作性が認められる**。以下では，教育・研究の場面に関係しそうな具体的事例を通じて，創作性のある表現を紹介しよう。

①　文章

　例えば，ある人が長編小説を書く場合，具体的なストーリーや細かい文章表現等に多様な選択の幅があるため，その中で書かれた長編小説には作者の個性があらわれており，創作性が認められる。また，詩や俳句のように短い文章であっても，それなりに表現の選択の幅があると考えられるため，文章表現に作者の個性があらわれているといえる限り，創作性は認められよう。

　学術論文の場合は，客観的な事実やデータをもとに理論的な記述を行う部分が少なくないため，文芸作品と比べると，表現の選択の幅は狭く，創作性は認められにくいといえよう。しかし，客観的な事実やデータをもとにした論文であっても，特に長い論文の場合は，記述の順序や文章の運びなど具体的な文章表現において，それなりの表現の選択の幅があると考えられるため，文章表現に作者の個性があらわれている限り，創作性は認められよう。この場合，その論文の全体が著作物として保護されるのはもちろんであるが，論文中の文章についても，それが独立して創作性のある表現といえれば，それだけで著作物として保護されるため，他人がこれを無断利用すると著作権侵害となる。

　▶裁判例　　ある教授が執筆した論文において，別の教授が執筆した論文の記述とほぼ同一の記述があるとして訴訟になった事件がある。問題となった共通

---

*7　東京地判平成 13 年 1 月 23 日判時 1756 号 139 頁。
*8　東京高判平成 8 年 1 月 25 日判時 1568 号 119 頁。
*9　東京地判平成 12 年 9 月 28 日判時 1731 号 111 頁。

部分の１つは，ある外国法（イギリス著作権法）を解説した短い文章であるため（【図表8】），当該部分が独立して創作性のある表現といえるかどうかが問題になったのである。裁判所は，「原告表現２のうち上記共通部分は，2003年改正後の英国著作権法６条の規定について説明するものではあるものの，単に同条の規定をそのまま引用したものではなく，『有線番組サービス』等の独自の訳語を用いながら，記述の順序，文章の運び及び具体的な文章表現等の点において原告なりの工夫をしながら，同条の改正内容を分かりやすく解説した文章であると認めることができ，その限度で作者の個性が表れていると認められるから，全体としては表現上の創作性がないということはできない」として，この

【図表8】

原告表現２	被告（下線部分が原告と共通）
伝送路の多様化に対応した包括的規定を検討する際には，英国著作権法が参考になるものと思われる。英国著作権法は，2003年の改正により，放送の定義に関する規定（第６条）を改め「有線番組サービス（cable programme service）」を「放送」の概念の中に含めることとした。つまり，放送と有線放送の区別を廃し，両者を「放送」という概念に統合している。また，第６条の中にインターネット送信に関する項目である（1A）が盛り込まれたため，インターネット送信のうち第６条（1A）に規定されている（a），（b），（c）に当てはまるものだけが「放送」に該当し，それ以外のインターネット送信は「放送」ではないとされている（下記条文参照）。	「伝送路の多様化に対応した包括的規定を検討する際には，英国著作権法が参考になるものと思われる。英国著作権法は，2003年の改正により，放送の定義に関する規定（第６条）を改め「有線番組サービス（cable programmed service）」を「放送」の概念に含める。」こととした。つまり，放送と有線放送の区別を廃し，両者を「放送」という概念に統合するとなっている。
	イギリス著作権法での「放送」の扱いは，2003年の改正により，放送の定義に関する規定（第６条）を改め「有線番組サービス（cable program service）」を「放送」の概念の中に含めることとし，放送と有線放送の区別を廃し，両者を「放送」という概念に統合している。また，第６条中にインターネット送信に関する項目の（1A）が盛り込まれた為，インターネット送信のうち第６条（1A）に規定している（a），（b），（c）に当てはまるものだけが「放送」に該当し，有線放送やIPマルチキャスト放送であっても「放送」と位置付けされている。

文章の創作性を認めた〔著作権論文事件：第一審*10〕（控訴審*11 も同旨。なお、この事件では著作者人格権の一つである氏名表示権〔19 条〕の侵害が認められた）。このケースは微妙な事件といえ、裁判所の結論についても議論の余地があるが、研究・教育に携わる者としては参考になろう。

②　図表

　著作権法上、素材の選択または配列に創作性がある編集物は、編集著作物として保護される（12 条）。したがって、客観的な事実やデータをまとめた一覧表であっても、これに収録する情報の選択または配列に関して、作者の個性があらわれているといえる場合は、著作物として保護される。

▶裁判例　「日本の城と作品と作者一覧」という標題のもと、日本の城（架空のものを含む）を舞台とする様々な文芸作品を選択してまとめた一覧表（【図表9】）の著作物性が問題になった事件がある。裁判所は、「江戸時代以降、主として明治時代から現代までの多様なジャンルの、しかも文芸作品の中から、日本の実在の城、架空の城を舞台とするもの 217 個を作者名と共に選択し、これを舞台となった城ごとに分類、配列し、これを城の所在地によって概ね北から南の順に配列し、我国における城と文芸作品との関係を一見して分かりやすくまとめた一覧表とした本件一覧表は、編集物であって、その素材の選択及び配列によって創作性を有するものと認められるから、

【図表9】

日本の城と作品と作者一覧

○明治以前の歴史もの、軍記ものなどは、あまりにも城名が数多く出現するので除いた。
○明治以前のものは、歴史もの、軍記ものなどは、主要な武将なら、主要な城だけをとりあげた。
○印は本書で写真と対照してとりあげた作品を示す。

城名	作品名	作者
五稜郭	五稜郭血書	久保栄
松前福山城	函館八景	亀井勝一郎
弘前城	月燈	中山義秀
仙台城	北斗の鐘	古河誠
盛岡城	ごろつき船	大佛次郎
米沢城	山の湯	村上元三
庄内士族	みみずのたはごと	石坂洋次郎
二本松城	栗の花	徳富蘆花
会津若松城	候ノ木に残った	佐藤春夫
	蒲生氏郷	石川啄木
	歴史	山本周五郎

城名	作品名	作者
会津若松城	王城の護衛者	司馬遼太郎
	宿命の天主閣	永井路子
	あたしとむじな達	河竹黙阿弥
	都省騒動	中里介山
	摩瑠璃坂の仇討	井伏鱒二
	父の山旅	武州喜多郎
	一刀流物語	仲瑠璃坂の仇討
佐倉城	千代田城	永井荷風
鉢形城	富士に立つ影	田山花袋
宇都宮城	兵学大講義	永井路子
古河城	江戸から東京へ	亀井勝一郎
江戸城	江戸三国志	白井喬二
	絵島生島	矢田挿雲
	かげろう絵図	吉川英治
	徳川の夫人たち	横関愛造
	将軍秀忠の妻	舟橋聖一
	折たく柴の記	松本清張
	由比正雪	吉屋信子
		新井白石
		由比正雪

---

*10　東京地判平成 27 年 3 月 27 日（平成 26 年（ワ）第 7527 号）。
*11　知財高判平成 27 年 10 月 6 日（平成 27 年（ネ）第 10064 号，第 10078 号）。

本件一覧表は著作物と認められる」と判示した〔前掲・「日本の城の基礎知識」事件*12〕。

③　地図

　また，客観的な事実をもとに作成された地図であっても，その具体的な表現（例：色使い，装飾的形状）において一定の工夫がなされており，そこに著作者の個性があらわれているといえる場合は，創作性が認められる。

▶裁判例　　ガイドブックの著作権侵害が問題になった事案で，裁判所は，一般論として，「記載すべき情報の取捨選択及びその表示の方法に関しては，地図作成者の個性，学識，経験，現地調査の程度等が重要な役割を果たし得るものであるから，なおそこに創作性が表われ得る」としたうえで，【図表10】の地図について，「全体の構成は，現実の地形や建物の位置関係がそのようになっている以上，これ以外の形にはなり得ないと考えられるが，読者が最も関心があると思われる『近藤勇胸像』や『近藤勇と理心流の碑』等を，実物に近い形にしながら適宜省略し，デフォルメした形で記載した点には創作性が認められ，この点が同地図の本質的特徴をなしているから，著作物性を認めることができる」と判示した〔前掲・「ふぃーるどわーく多摩」事件*13〕。なお，この事件で，裁判所は，同地図と被告地図（【図表11】）との類似性も認めて著作権侵害に基づく損害賠償請求を認容している。このような裁判所の結論については議論の余地もあるが，研究・教育に携わる者としては参考になろう。

【図表10】

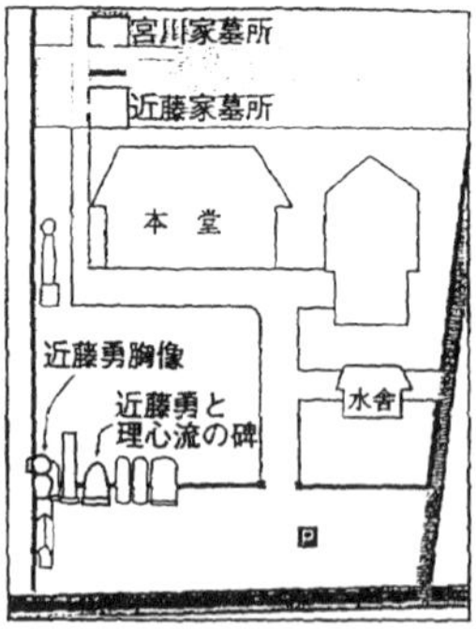

【図表11】

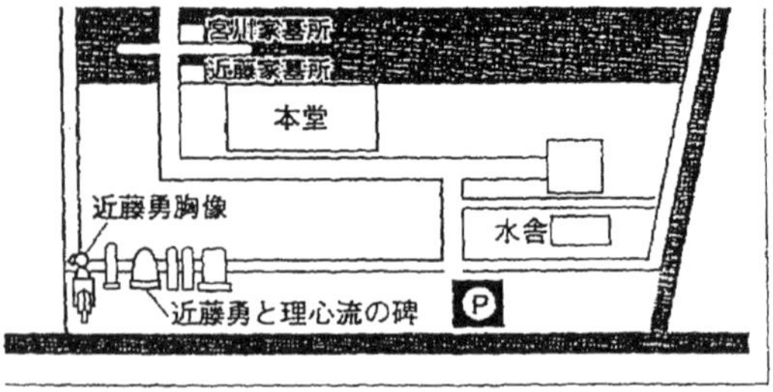

(4)　研究倫理上の問題

　上記のように，創作性のない表現は著作物として保護されない。客観的な事実やデータはもちろん，事実やデータをもとに作成したグラフ・図表であっても，ありふれたものは創作性が認められず，著作物として保護されない。したがって，たとえ，他人の実験データ等や創作性のないグラフを無断利用しても，著作権侵害にはならない。つまり，研究上のプライオリティというのは，著作権によって保護されないのである。

　しかし，他人の研究上の「成果」を無断利用することは，著作権法とは別に，研究倫理上，他人の研究成果の「盗用」として研究不正行為に当たると考えられている（文部科学大臣決定「研究活動における不正行為への対応等に関するガイドライン」〔平成26年8月26日〕）。したがって，研究者としては，著作権法のみならず，こうした研究倫理についても注意が必要である（→ p. 193）。

2　表現／アイディア

Q2.
他人の独創的な理論や学説を盗むことも著作権の侵害になるのか。

A.
　著作権は，論文や記事といった表現を保護するものであるが，抽象的なアイディアそれ自体は著作物として保護されない。したがって，たとえ他人の独創的で画期的な理論を無断利用しても著作権侵害にはならない。

---

*12　前掲注1・東京地判平成6年4月25日。
*13　前掲注7・東京地判平成13年1月23日。

解説

(1)　著作物＝創作性のある「表現」

　著作物とは，「思想又は感情を創作的に表現したものであって，文芸，学術，美術又は音楽の範囲に属するもの」と定義されており（2条1項1号），著作権の保護を受けるのは，あくまで具体的な「表現」である。例えば，研究者が書いた論文，新聞記者が書いた記事は「表現」であり，創作性がある限り著作物として保護される。

(2)　「アイディア」＝著作権保護なし

　これに対して，抽象的なアイディア（例：理論，学説）は，「表現」ではないため，著作物として保護されない。

　例えば，学術論文は著作物に当たるが，そのもとになった理論や学説といったものは抽象的なアイディアであり，これは「表現」に当たらないため，著作物として保護されない。たとえ，**独創的なアイディアや革新的な発見であったとしても，それが表現に当たらない以上，著作物としては保護されないのである**。アイディアは，新規性や進歩性など一定の要件を満たす場合に限って特許法等によって保護されるに過ぎない。

▶裁判例　　ある命題の解明過程に関する研究成果を論文として公表したことに対して，同じ研究グループに属していた別の者が著作権侵害を理由に訴訟を提起した事件がある。原告は，数理科学の世界では，ブレイクスルーとなる画期的な科学的思想こそが著作権保護を受けるべきだと主張したが，裁判所は，「数学に関する著作物の著作権者は，そこで提示した命題の解明過程及びこれを説明するために使用した方程式については，著作権法上の保護を受けることができないものと解するのが相当である。……このような解明過程は，その著作物の思想（アイデア）そのものであると考えられ……著作権法上の著作物に該当しないものと解される」と判示して，原告の請求を棄却した〔脳波数理解析論文事件：控訴審[*14]〕。

　また，東洋史学の分野において，中国の塩政に関する史料に登場する「牢盆」という言葉の解釈について，ある教授が，自己の学説と同趣旨の見解──

「牢盆」とは堅牢な塩を煮る盆または鍋〔製塩用具〕を意味するとの解釈——を論文中に示した別の教授に対して，著作権侵害を理由とする訴訟を提起した事件がある。裁判所は，「原告は，被告著述部分が，原告著述部分に示された『牢盆』の解釈等について，自己の学説と同趣旨の見解を示したことをもって，自説を盗用，盗作したものであり，これは原告の著作権等を侵害するものである旨主張するかのごとくであるが，学説ないし思想それ自体の保護は，著作権法の保護の範疇に属するものでない」と判示して，著作権侵害を否定した〔中国塩政史事件[*15]〕。

　さらに，解剖実習に関する書籍の一部を模倣したことが著作権侵害に当たるかどうかが問題になった事件で，「解剖方法についてのアイデアを著作権法で保護できるわけではないことは明らか」として，著作権侵害を否定した裁判例もある〔前掲・「解剖実習の手引き」事件[*16]〕。

　そのほか，学術論文に関する裁判例では，アイディアのみが無断利用されたに過ぎないという理由で，著作権侵害を否定したものが多くみられる（〔発光ダイオード論文事件[*17]〕，〔エスニシティ論文事件[*18]〕，〔インド人参論文事件[*19]〕等）。

(3)　研究倫理上の問題

　以上のように，学説や理論は著作物として保護されない。したがって，たとえ，他人の独創的なアイデアを無断利用しても，著作権侵害にはならない。前述のように，研究上のプライオリティというのは，著作権によって保護されないのである。

　しかし，他人の研究上の「成果」を無断利用することは，著作権法とは別に，研究倫理上，他人の研究成果の「盗用」として研究不正行為に当たると考えられている（前掲・「研究活動における不正行為への対応等に関するガイドライン」）。し

---

*14　大阪高判平成 6 年 2 月 25 日判時 1500 号 180 頁。
*15　東京地判平成 4 年 12 月 16 日判時 1472 号 130 頁。
*16　前掲注 2・東京高判平成 13 年 9 月 27 日。
*17　大阪地判昭和 54 年 9 月 25 日判タ 397 号 152 頁。
*18　東京高判平成 12 年 3 月 29 日（平成 11 年（ネ）第 4243 号）。
*19　大阪高判平成 17 年 4 月 28 日（平成 16 年（ネ）第 3684 号）。

たがって，研究者としては，著作権法のみならず，こうした研究倫理について
も注意が必要である（→ p. 193）。

第2節　著作権のない著作物

1　保護期間を経過した著作物

Q3.
古い絵画や音楽などは，著作権が消滅しているというが，どのよう
に判断すればよいのか。

A.
原則として，著作者が死亡してから70年経過した著作物は，著作
権が消滅しており，パブリックドメイン（公共財）として自由に利用で
きる。

解説

(1)　著作物の保護期間（＝著作権の存続期間）

　著作権は，一定の期間が経過すると消滅する。著作権が消滅した著作物は，
パブリックドメイン（公共財）として誰でも自由に利用できる。これを著作権
の存続期間または著作物の保護期間という。例えば，ベートーベン（1827年没）
の音楽や夏目漱石（1916年没）の小説は，既にパブリックドメインであるため，
どのような目的・方法であれ，自由に利用できるのである。
　保護期間の算定方法は，基本的に以下の通りである（ただし，保護期間の算定
は非常に複雑であり，厳密な算定は専門家にとっても困難である）。

(2)　保護期間の算定①　死亡時起算

　著作物の保護期間は，原則として，著作者の死後70年である（51条2項）。ここで"死後70年"というのは，著作者が死亡した日から70年ではなく，死亡日の属する年の翌年1月1日から起算して70年という意味である（57条）。これを暦年主義という。つまり，2000年に死亡した著作者であれば，死亡日が何月何日であろうと，翌2001年1月1日から起算して70年後の経過をもって——すなわち，2070年12月31日の満了をもって——著作権が消滅することになるのである。

　もし，ある著作物を複数の者が共同創作した場合（これを共同著作物〔2条1項12号〕という），その保護期間は「最終に死亡した著作者の死後」70年で満了することになっている（51条2項括弧書）。例えば，A（1980年没）とB（2020年没）が共同して創作した著作物の保護期間は，Bの死後70年——すなわち，2090年12月31日の満了まで——となる。AとBが共同著作物を創作すると，その著作権はAとBの共有になり，Aが死亡すると，Aの権利（共有持分権）はAの相続人に移転することになるが，著作権自体はあくまで1つの権利であるため，一体としてBの死後70年存続するのである。

(3)　保護期間の算定②　公表時起算

　著作者の死亡年が判明する場合は，上記のように，死亡時を基準に保護期間を算定することになるが，著作者名が表示されていない「無名」（匿名）の著作物や，「変名」（ペンネーム）しか表示されていないために誰が著作者か分からないような著作物については，著作者の死亡を基準に保護期間を算定することができない。そこで，このような場合は，死亡時の代わりに，公表時を基準に保護期間を算定し，公表後70年で保護期間が満了することになっている（52条）。

　また，団体名義の著作物（例：会社名義の新聞やゲームソフト）は，当該団体が長期にわたって存続すると著作権もこれに伴っていつまでも存続してしまいかねないため，公表時を基準に保護期間を算定し，公表後70年で保護期間が満了することになっている（53条）。

　さらに，映画の著作物については，たとえ著作者（監督など）の死亡時が判

明する場合であっても，公表時を基準に保護期間を算定し，**公表後70年で保護期間が満了する**ことになっている（54条1項）。そして，これに伴って，その映画のもとになった脚本や原作小説の著作権も，当該映画の利用に関する限り，消滅することになっている（同条2項）。したがって，保護期間が満了した映画の著作物は自由に利用できるが，映画に利用されている音楽（例：BGM）については同項が適用されないため，音楽については著作権が存続している可能性がある。

（4）　既に消滅した著作権は復活しない

　著作物の保護期間は，過去の法改正によってたびたび延長されてきた。特に，2018年12月30日には，TPP11協定（環太平洋パートナーシップに関する包括的及び先進的な協定）に伴うTPP11整備法（環太平洋パートナーシップ協定の締結に伴う関係法律の整備に関する法律［平成28年法律第108号］。平成30年法律第70号による改正後）が施行され，著作物の保護期間が著作者の死後50年から死後70年に延長された。したがって，現在は，著作者の死後70年を経過しているかどうかを調査することによって保護期間を算定するのが基本になる。

　ただし，**2018年12月30日までに著作者の死後50年が経過した著作物は，それまでに著作権が消滅しているため，たとえ著作者の死後70年経過していないものであっても，パブリックドメインのままである**（TPP11整備法附則7条）。なぜなら，いったん著作権が消滅した著作物について事後的に著作権が復活してしまうと，すでに著作権の消滅によりパブリックドメインとなった著作物を自由利用していた活動を妨げることになるからである。

　その結果，1967年中までに死亡した著作者については，2018年12月30日までに著作者の死後50年が経過しているため，原則として，その著作権は消滅しており，現在パブリックドメインとなっているものと考えられる。

　例えば，谷崎潤一郎・江戸川乱歩（1965年没）の著作物は，著作者の死後50年の経過——すなわち，2015年12月31日の満了をもって——保護期間が満了し，すでに著作権が消滅しており，今もパブリックドメインなのである。

　これに対して，藤田嗣治（1968年没）の著作物は，もともとその死後50年で——すなわち，2018年12月31日の満了をもって——著作権が消滅し，パ

ブリックドメインとなる予定であったが，前述のように，同月 30 日に保護期間が 20 年延長されたため，結果として，2038 年 12 月 31 日の満了まで著作権が存続することになるのである。

　以上のように，著作者の死後 70 年を経過していない著作物であっても，著作権が消滅しているものがあるということになる。

(5) 戦時加算等

　さらに，第二次世界大戦中に存在した著作権については，いわゆる「戦時加算」の可能性がある。戦時加算とは，サンフランシスコ平和条約に基づく連合国及び連合国民の著作権の特例に関する法律［昭和 27 年法律第 302 号］により，1941 年 12 月 8 日から平和条約発効日の前日までの期間（これを「戦時期間」という）において連合国（例：アメリカ，イギリス，フランス）または連合国民に帰属していた日本法上の著作権は，原則として，通常の存続期間に当該戦時期間に相当する日数を加算した期間が経過するまで存続するという制度である。

　例えば，1941 年 12 月 7 日に，アメリカ，イギリス，フランスの国民が有していた著作権については，最大で 3794 日（＝10 年 4 ヶ月 21 日または 22 日）が，通常の存続期間に加算される。裁判例でも，ポパイのキャラクターについて，1929 年 1 月 17 日にアメリカの新聞社名義で公表された漫画の著作権が，通常の存続期間（公表後 50 年）に 3794 日を加えた期間経過後の 1990 年 5 月 21 日まで存続したものとされている〔ポパイネクタイ事件：上告審[20]〕。

*20　最判平成 9 年 7 月 17 日民集 51 巻 6 号 2714 頁。

2　公共の著作物

Q4.

創作性のある表現であれば，全て著作権の対象になるのか。国が発する通達文や判例集などにも著作権はあるのか。

A.

創作性のある表現であっても，法律，国や地方公共団体が発する告示，訓令，通達や裁判所の判例，あるいは，判例集のような公共の著作物は，権利の対象にならないとされているため，自由に利用できる。

解説　創作性のある表現であっても，権利の対象とならない著作物がある（13条）。

　例えば，国の法律（同条1号），国の告示・訓令・通達等（同条2号），裁判所の判決・決定，行政庁の裁決・決定（同条3号）が，これに当たる。こうしたものは，たしかに創作的な表現といえるものもあるが，公衆に広く知られることが公益に資するため，権利の対象から除外されているのである。したがって，こうしたコンテンツは，事実上パブリックドメインとして，いかなる目的・方法でも自由に利用できる。

　また，法令や判例等の翻訳物（例：法令外国語訳）や編集物（例：判例集，法令集）についても，その翻訳や編集に創作性があれば，二次的著作物や編集著作物に当たるが，国などが作成したものについては，公衆に広く知られることが公益に資するため，権利の対象から除外されている（同条4号）。したがって，そうした翻訳物や編集物も，事実上パブリックドメインとして自由に利用できるのである。

第3節　フリー素材

Q5.

　　著作権のある著作物であっても，フリー素材を用いることは法律上問題がないのか。

A.

　　いわゆるフリー素材は，一定の条件のもとで自由利用できるが，ライセンス条件については利用規約等を確認する必要がある。

解説

1　フリー素材とは

　著作権のある著作物であっても，「フリー素材」として，一定の条件（例：クレジット表記，販売禁止）のもとで自由利用できるものがある。このようなフリー素材は教育現場にとっても便利なものといえる。ただ，ライセンス条件に反してフリー素材を利用すると，著作権等の侵害になりかねないため，フリー素材を利用する場合は，あらかじめ利用規約等でライセンス条件を確認する必要がある。

2　クリエイティブ・コモンズ（CC）・ライセンス

　利用規約には様々なものがあるが，特に，クリエイティブ・コモンズ・ライセンス（CCライセンス）は，ライセンス条件を分かりやすいマークで表示するもので，広く活用されている[*21]。
　最近の我が国でも，官民データ活用推進基本法［平成28年法律第103号］に

より，国・地方公共団体は官民データの適正かつ効果的な活用に取り組むことが義務づけられ，様々なデータがインターネット上で公開・提供されているが，ここでも CC ライセンスが活用されている[*22]。

CC ライセンスには，4種類の条件を組み合わせた6種類のマークがある（また，いかなる権利も主張しない「CC0」という表示もある）。

①　表示

クレジット（氏名，作品タイトル等）を表示すること（BY）を条件に，改変利用および営利利用を含めて利用できるもの。

②　表示－継承

クレジット（氏名，作品タイトル等）を表示すること（BY）および，改変利用の場合はもとのコンテンツと同じ CC ライセンスで公開すること（SA）を条件に，営利利用を含めて利用できるもの。

③　表示－改変禁止

改変利用は禁止されているが（ND），クレジット（氏名，作品タイトル等）を表示すること（BY）を条件に，営利利用を含めて利用できるもの。

④　表示－非営利

営利利用は禁止されているが（NC），クレジット（氏名，作品タイトル等）を表示すること（BY）を条件に，改変利用を含めて利用できるもの。

---

*21　http://creativecommons.jp/licenses/
*22　https://cio.go.jp/policy-opendata

⑤　表示−非営利−継承

　営利利用は禁止されているが（NC），クレジット（氏名，作品タイトル等）を表示すること（BY），改変利用の場合はもとのコンテンツと同じ CC ライセンスで公開すること（SA）を条件に利用できるもの。

⑥　表示−非営利−改変禁止

　営利利用禁止（NC）および改変禁止（ND）が条件となるとため，非営利かつ改変しないことと，クレジット（氏名，作品タイトル等）を表示すること（BY）を条件に利用できるもの。

⑦　CC0

　「CC0」は，自己のコンテンツについていかなる権利も主張しない表示とされる。CC0 が付されたコンテンツは，基本的に著作権を放棄したものと解され，事実上パブリックドメインといえよう。

3　フリー素材サイト

　インターネットでは，様々なフリー素材が無料提供されている。

(1)　ウィキペディア

　ウィキペディア[*23] は，誰でも編集できる「フリー百科事典」であり，ここに掲載されている文章は，原則として，CC ライセンス［表示−継承］で提供されている。したがって，クレジット（氏名，作品タイトル等）を表示することと（BY），改変利用の場合はもとのコンテンツと同じ CC ライセンスで公開すること（SA）を条件に，営利利用も含めて利用できるのである。

　また，ウィキペディアに掲載されている画像は，既に保護期間を満了したパ

---

*23　https://ja.wikipedia.org/

ブリックドメインのものや，著作権は存続しているが，CC ライセンスに基づき一定のライセンス条件で利用が認められているものがある。

(2)　地図・空中写真等

　国土地理院のウェブサイト[24] は，地図，空中写真，活断層図，古地図など，膨大な情報を提供している。これらの情報は，原則として，自由に利用可能とされており，改変利用や商用利用も可能とされるが，出典の記載（例：「出典：国土地理院ウェブサイト」），および，コンテンツの編集・加工等を行う場合はその旨を記載することが条件となる。ただし，地図や空中写真を刊行等するような場合は，著作権とは別に，国土地理院長の承認を得る必要があると定められている（測量法 29 条・30 条）。

　Google マップ[25] や Google Earth[26] に掲載された地図や画像も，ライセンス条件（例えば，販売禁止）のもとで自由に利用できる。

(3)　イラスト・画像・BGM 等

　イラスト・写真・BGM 等のフリー素材については，これを無償で提供するウェブサイトが多数ある（→ p. 228）。基本的に，営利・非営利を問わず原則として自由に利用でき，クレジット表記も不要のものが多いが，それぞれライセンス条件については利用規約等を確認する必要がある。

---

[24]　https://www.gsi.go.jp/

[25]　https://www.google.co.jp/maps/

[26]　https://earth.google.com/

第2章

教員による著作物利用と著作権

著作権のある著作物は，たとえ教育目的での利用であっても著作権者の許諾がなければ利用できないのが原則である。しかし，例外的に教育機関の授業における利用が許される場合がある。それはどのような場合か。

〈今村哲也〉

第1節　授業の過程における利用（35条）

1　概要

　著作権法35条1項は，①「学校その他の教育機関」において，②「教育を担任する者」と「授業を受ける者」が，③「授業の過程における利用に供することを目的とする場合」には，④「その必要と認められる限度」で，「公表された著作物」を，(a) 複製すること，(b) 公衆送信すること，(c) 公に伝達することを認めている。ただし，いずれの場合についても，④著作権者の利益を不当に害することとなる場合はこの限りではないとする。

　(a) 複製および (c) 公の伝達は，無許諾・無償で利用できるが，(b) 公衆送信については，無許諾での利用が認められるものの補償金の支払いが条件とされている（35条2項）。ただし，遠隔合同授業等（→ p. 040）における同時公衆送信においては，無許諾・無償で利用できる（35条3項）。

　典型的には，(a) 複製の例として，授業の教材として書籍の小部分を複写する場合，(b) 公衆送信の例として，当該教材を LMS（Learning Management System）上にアップロードして学生にダウンロードさせる場合，(c) 公の伝達の例として，インターネットで公衆送信されているウェブサイトや動画サイトを教室の PC でアクセスしてスクリーンに映し出す場合などが想定される。具体的に問題となるケースについては，以下で説明をする。なお，以下で，教材と述べた場合，他人の著作物を含むことを前提とする。

　35条1項の制限規定により複製された複製物は，それらを授業において配布することはできるが（47条の7），その授業の過程における利用に供するという目的以外の目的のために頒布等することは，複製権の侵害となる（49条）。

　35条の規定は，著作権だけでなく，実演，レコード，放送などに対する著作隣接権に対しても準用される（102条1項）。例えば，音楽の著作物の実演が録音されている市販の CD の一部をオンライン授業で配信する場合，音楽の著作物の著作権者（作詞家・作曲家）の公衆送信権だけでなく，著作隣接権者であるレコード製作者，実演家の有する送信可能化権（92条の2・96条の2）の許諾

【図表12】検討フローチャート

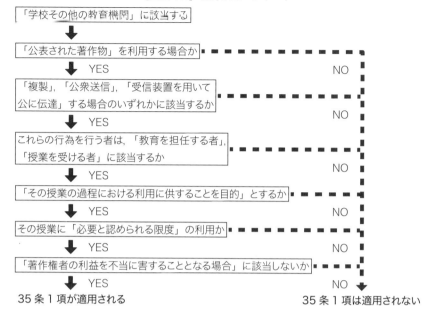

「学校その他の教育機関」に該当する

「公表された著作物」を利用する場合か　NO

↓ YES

「複製」，「公衆送信」，「受信装置を用いて公に伝達」する場合のいずれかに該当するか　NO

↓ YES

これらの行為を行う者は，「教育を担任する者」，「授業を受ける者」に該当するか　NO

↓ YES

「その授業の過程における利用に供することを目的」とするか　NO

↓ YES

その授業に「必要と認められる限度」の利用か　NO

↓ YES

「著作権者の利益を不当に害することとなる場合」に該当しないか　NO

↓ YES

35条1項が適用される　　　　　　　　NO　35条1項は適用されない

第1節　授業の過程における利用（35条）

も必要であるが，これらの権利も制限規定の対象となる。

　この規定は，教育現場における著作物利用の中核をなすものであるが，上記の各要件に関する判例がなく，裁判所の判断が明らかになっていないため，立法資料等にみられる条文の趣旨から解釈を引き出す必要がある。現行著作権法の立法担当者によると，「学校等の教育機関における著作物利用の実態と必要性とに鑑みて，教育機関において教育担当職員及び授業を受ける者がその授業の過程に使用する目的で行う必要限度内の著作物の利用を，各種の観点からする著作権者の経済的利益と衝突しない場合には認めることとしたもの」である[*1]。

　平成30年の法改正は，教育の情報化に対応した権利制限規定等の整備として，35条の適用範囲を拡大した。具体的には，教育機関の授業の過程におけ

---

*1　逐条280頁。

【図表12】検討フローチャート

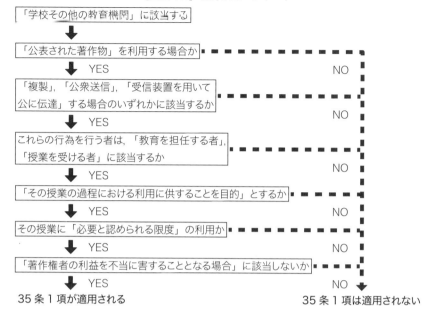

も必要であるが，これらの権利も制限規定の対象となる。

　この規定は，教育現場における著作物利用の中核をなすものであるが，上記の各要件に関する判例がなく，裁判所の判断が明らかになっていないため，立法資料等にみられる条文の趣旨から解釈を引き出す必要がある。現行著作権法の立法担当者によると，「学校等の教育機関における著作物利用の実態と必要性とに鑑みて，教育機関において教育担当職員及び授業を受ける者がその授業の過程に使用する目的で行う必要限度内の著作物の利用を，各種の観点からする著作権者の経済的利益と衝突しない場合には認めることとしたもの」である[*1]。

　平成30年の法改正は，教育の情報化に対応した権利制限規定等の整備として，35条の適用範囲を拡大した。具体的には，教育機関の授業の過程におけ

---

*1　逐条280頁。

る公衆送信による著作物の利用を広く権利制限の対象とし，これを無許諾で行うことを可能とするとともに，現行法上無償の行為（複製等）は無償を維持しつつ，新たに無許諾で利用が可能となる公衆送信について教育機関の設置者から一元的な窓口（指定管理団体）への相当な額の補償金の支払いを求めることとした。

　現行著作権法の制定当時は，学校内での利用について許諾を得ることは実際には難しいことを前提に，教室という閉鎖的な場における特定の人的範囲による使用であることを考慮して，複製権の制限規定（無償）を設けた。これに対して，平成30年法改正では，ICTを活用した教育の推進が求められるなか，教育の情報化という公益的政策実現のため，著作権者の利益と調整をした結果，補償金を支払うことを前提に著作権を制限するという授業目的公衆送信補償金制度を導入した。教育の情報化の促進という平成30年の法改正の立法趣旨は，改正後の35条の解釈論において十分に考慮する必要がある。

　平成30年法改正の立法過程においては，「文化審議会著作権分科会報告書」（平成29年4月）においても，法解釈に関するガイドラインを権利者と利用者双方の両当事者の協議により策定されることが求められていた。その後，教育関係者，有識者，権利者で構成する「著作物の教育利用に関する関係者フォーラム」が2020年4月に，教育現場での著作物利用に関するガイドラインに当たる『改正著作権法第35条運用指針』（令和2〔2020〕年度版）を決定し，公表した。令和2年度版の『運用指針』は，新型コロナウイルスの感染拡大による遠隔授業等のニーズの急速な高まりに対応して早期施行される本制度の暫定的な運用のために策定されたものであったため，更なる検討を踏まえて，2021年4月から運用するガイドラインが策定された（以下，令和3年度版を『運用指針』とする）。この『運用指針』は，法規範ではなく，いわゆるソフト・ローに過ぎないが，平成30年法改正の立法経緯での議論を踏まえると，この『運用指針』は35条を解釈運用するうえで尊重されるべきであり，本章でも，この『運用指針』に述べられている点については，これに沿って整理している。なお，『運用指針』は関係者間の協議に基づいて定期的に見直されるものであるため，最新のものを参照することが必要である。

(1)　学校その他の教育機関

Q6.

営利目的の会社や個人経営の教育施設，専修学校または各種学校の認可を受けていない予備校・塾，カルチャーセンター，企業や団体等の研修施設は，35条の教育機関に該当するか。

A.

該当しない。利潤追求を目的とする会社が設置した学校一般を本条の適用対象とするという解釈を採用することは難しい。

解説

「学校その他の教育機関」については，著作権法上，特段の定義は置かれていない。しかし，同条の趣旨を踏まえて，組織的，継続的教育機能を営む非営利教育機関を指すものと考えられており，具体的には，**学校教育法その他根拠法令**（地方自治体が定める条例・規則を含む）**に基づいて設置された機関**と，**これらに準ずるところが含まれる**と解されている（『運用指針』）。

　例えば，学校教育法上の学校（幼稚園，小学校，中学校，義務教育学校，高等学校，中等教育学校，特別支援学校，高等専門学校，各種学校，専修学校，大学等），各省の設置法や組織令など関係法令等に基づいて設置された機関（防衛大学校，税務大学校，自治体の農業大学校等の大学に類する教育機関），職業能力開発促進法等に基づいて設置された職業訓練等に関する教育機関，社会教育法，博物館法，図書館法等に基づいて設置された機関（公民館，博物館，美術館，図書館，青少年センター，生涯学習センター等），地方教育行政の組織及び運営に関する法律等により設置された機関（教育センター，教職員研修センター）がこれに該当する。なお，これらの教育機関の中では，通常「授業」と表現されない活動を行う場合もあるが，35条の適用される「授業の過程」とは，必ずしも一般的な意味で「授業」と称されるものに限定されない。

　これに対して，35条が複製について無償利用を許していることを考慮すると，著作権者の利益を制限してまで，利潤追求を目的とする会社が設置した学

校一般を本条の適用対象とするという解釈を採用することは難しい。したがって，営利目的の会社や個人経営の教育施設，専修学校または各種学校の認可を受けていない予備校・塾，カルチャーセンター，企業や団体等の研修施設は，35条の教育機関に該当しない。

Q7.

構造改革特別区域法に基づく学校設置会社により設置された学校（株式会社立学校：株立学校）は，35条の教育機関に該当するか。

A.

該当する。

解説　構造改革特別区域法に基づく学校設置会社により設置された学校（株式会社立学校：株立学校）は，構造改革特別区域法12条11項により，同条２項に規定する学校設置会社の設置する学校の場合，著作権法35条の教育機関に該当するとされている。したがって，この場合に限り，設置主体が営利法人である株式会社立学校，株式会社立大学も，35条の適用対象に含まれる。例えば，デジタルハリウッド大学やサイバー大学などがある。

Q8.

保育所，認定こども園，学童保育も，幼稚園と同じように，35条の教育機関に該当するか。

A.

35条の教育機関に該当する。

解説　児童福祉法，就学前の子どもに関する教育，保育等の総合的な提供の推進に関する法律に基づいて設置されている保育所，認定こども園，学童保育も，35条の教育機関に該当すると解されている（『運用指針』）。

(2)　公表された著作物

Q9.

過去に行われた授業における学生のレポートの中から，優れた内容のものを選び，匿名にしたうえで，別の年度の授業における資料として配布することは認められるであろうか。

A.

事前に同意を得ていない限り，認められない。

解説　35条の適用を受けるのは，「公表」された著作物である。著作物は，「発行」されている場合には，「公表」されたものとなる（4条）。「発行」とは，複製権者やその許諾を得た者が，著作物の複製物を相当程度の部数適法に作成し，公衆に譲渡または貸与した場合をいう（3条）。「発行」以外にも，著作物を権利者本人または権利者の許諾を得た者が適法に上演，演奏，上映，公衆送信，口述，展示（美術の著作物および写真の著作物の原作品）の方法によって公衆に提示した場合には，「公表」されたことになる。公衆送信の場合，インターネットのホームページ等にアップロード（送信可能化）されれば，公表されたことになる（4条・23条1項）。

　どの程度の部数の複製物が作成されれば，発行といえるか，あるいはどの範囲の公衆に提示されれば公表となるのかについて，法律上明確な決まりはないが，文化庁の第一発行年月日等の登録（76条）における運用実務では，「**50人以上の人が著作物を見たり聞いたりしたことをもって，『発行』又は『公表』された**」とするという1つの目安がある[*2]。

　ICTを活用することで，例えば，優秀なレポートや論文，アンケートなど

を授業で利用するために授業用サーバーにアップするなど，過去の生徒の作品等の二次利用がより容易になると思われるが，単に学生が教員に提出したに過ぎないものである場合，公衆に提示されていないため（4条），未だ公表されていない状態にあると評価されるので，公表することについて同意を得ない限り，35条に基づく複製や公衆送信はできない。氏名表示権（19条→ p.099）に関する同意も必要である。また，プライバシーなどの問題も別途生じる点は留意する必要がある。

　なお，利用許諾に基づく著作物の発行や展示等による公衆への提示がなされれば，公表されたとみなされるが，未成年（2022年4月1日までは20歳，それ以降は18歳）の場合には単独で完全に有効な利用許諾契約を行うことはできず，契約には法定代理人（原則として親権者）の同意が必要となる*3。そのため過去の授業における作品等の活用には親権者の同意を得るための何らかのプロセスが必要となるであろう。また，大学生などで，成年に達している場合でも，在学関係での優位な立場を利用して恣意的に許諾を得ることは，公序良俗に反する場合がある。許諾が任意になされる状況を確保することが必要である。

　教育の情報化が進むにつれて，授業用サーバーに提出させた後，その授業の期間を超えて蓄積して残しておくことも容易になされることになるため，過去の学生の作品を無断で利用しないように注意をすることが必要である。他方で，的確に利用することで学生の教育効果の向上も期待できるので，個別の機会における権利処理による対応のほか，学校と生徒（保護者）との間での在学契約を締結する際などにおける適切な対応が望まれよう。

---

*2　第一発行年月日等の登録（76条）における文化庁の運用実務による。文化庁『登録の手引き』（令和元年7月）23頁参照。

*3　なお，公表の同意そのものは意思能力（行為の結果を判断するに足るだけの精神能力）があれば可能と考えられるが，35条1項は「公表の同意を得た」著作物ではなく「公表された」著作物についての権利制限規定であり，また，公表の同意のみを得たとしても，利用許諾に基づく著作物の発行や展示等による公衆への提示がなされなければ「公表された」とみなされるわけではないので，意思能力のある未成年者から同意を得たとしても，「公表された」著作物に関する35条1項の権利制限は適用されないと解される。

Q10.

授業を担当する教員が，プロのダンサーによるダンスの実演を録画した録画物や，プロの歌手の歌唱の実演を自ら録音した録音物を，許諾を得ずに授業の過程で利用することはできるか。

A.

利用できる。ただし，無断で撮影をした場合には，別途の考慮が必要である。

解説　ダンスや歌唱の実演の録音・録画物を，授業の過程で複製・公衆送信して使用する場合，ダンスについて舞踊の著作物，歌唱について音楽の著作物（歌詞・楽曲）についての著作権のみならず，著作隣接権の側面にも配慮する必要がある。著作権の側面については35条が適用されるが，著作隣接権の側面でも，**35条が適用される**（102条により35条を準用）。

　実演とは，「著作物を，演劇的に演じ，舞い，演奏し，歌い，口演し，朗詠し，又はその他の方法により演ずること（これらに類する行為で，著作物を演じないが芸能的な性質を有するものを含む。）をいう」（2条1項3号）と定義される。**実演家**とは，「俳優，舞踊家，演奏家，歌手その他実演を行う者及び実演を指揮し，又は演出する者をいう」（2条1項4号）と定義される。

　この事例の場合，ダンサーが実演家として有する録画権（91条1項）および送信可能化権（92条1項），歌手が実演家として有する録音権（91条1項）および送信可能化権（92条1項）に配慮する必要がある。

　実演家の映像の実演に関しては，それが許諾を得て「映画の著作物」に録音・録画された場合，いわゆるワンチャンス主義[*4]が適用されるので，以後

[*4] ワンチャンス主義とは，実演家がその後の収益について利益の分配を交渉するチャンスは，映画に実演を固定することを許諾する最初の契約のときだけとなるという考え方である。その趣旨は，権利関係が錯綜し，利用・流通の阻害要因となることを防止することにある。中山666頁，669頁。逐条566頁は，「映画の著作権の帰属に関する第29条に似たような理由から」と説明する。

の録音・録画，送信可能化には権利が及ばない（91条2項・92条2項）。ただし，このワンチャンス主義を定める各規定は任意規定であり，実演家が二次利用の許諾権を留保する契約を締結することは許されると考えられている[*5]。例えば，映画の製作後に，その映画をDVD等のパッケージ化する場合，映画をテレビで放送する場合，あるいは映画をネット配信する場合，改めて，実演家の許諾を得なくてよい。ただし，サントラ盤のように映画から作成した録音物に関しては，「音」の実演と同様の権利が働く。

　この点に関して，「劇場用映画」に実演を録音・録画する場合と異なって，例えば，ストリートパフォーマンスとしてなされるダンスや歌唱の様子などについて，実演家の許諾を得て録画・録音したからといって，それを単に動く映像だからという理由で形式的に「映画の著作物」（91条2項）と捉えてワンチャンス主義を適用することについては，議論の余地がある。こうしたものは「映画の著作物」ではないとして，91条2項を適用しない場合，ダンサーや歌手から許諾を得て録音・録画をした実演の録音・録画物の二次利用については，実演家の権利が残ることになる。

　このような解釈論上の問題があるとしても，著作隣接権に関しても35条が適用される結果（102条により35条を準用），授業の過程での利用においては，著作隣接権を侵害せずに利用することができる。また，実演家には，氏名表示権（90条の2），同一性保持権（90条の3）があるため，その点に配慮した利用の仕方が必要である（→ p.099）。

　なお，無断で生の実演を録音・録画した場合，91条2項における「映画の著作物」についてどのような解釈を採用するにしても，原則として，ワンチャンス主義は適用されない。その場合でも35条は適用しうるものの，撮影を積極的に認めていた客観的状況があれば格別として，最初の録音・録画が無断でなされた実演というからには，実演家の権利の利益を不当に害すると判断される可能性も残るため，利用は控えるべきであろう。

[*5]　中山666-667頁。

(3)　許される行為：複製，公衆送信，公の伝達

Q11.
35 条が適用される複製には，どのような態様の行為が含まれるか。

A.
複製とは有形的に再製することをいうと定義されており，ノートに文章を手書きしたり，コピー機で紙に印刷したりするようなアナログな方法から，スキャナーで資料を PDF ファイルの形式で保存するようなデジタルな方法まで，様々な態様が含まれる。

解説　複製とは，「印刷，写真，複写，録音，録画その他の方法により有形的に再製すること」をいう（2条1項15号）。コピー機での複写や絵画の写真撮影のように一瞬にして全体がコピーされる場合だけでなく，キーボード入力で文章を打ち込んだり，ホワイトボードや黒板に文章を書いたり，ノートに文章を手書きすることも該当する。

美術の授業で，キャンバスに絵画を模写したり，粘土細工で彫刻の模造を行ったりすることも，類似している場合に限り，複製に該当する。

アナログな方法だけでなく，文章をワープロソフトで入力し保存することや，放送をハードディスクに録画したり，スキャナーで資料を PDF ファイルの形式にして USB メモリに保存したり，クラウド上のサーバーに保存したりすることも複製に当たる。

また，脚本その他これに類する演劇用の著作物の場合，それを上演したものを録音し，または録画することも複製に該当するので，生徒が脚本に基づいて演じた演劇を録画することも，脚本の複製に該当する（2条1項15号イ）。

著作物だけでなく，レコード，放送・有線放送の利用についても，複製とは有形的に再製することをいう（91条・96条・98条・100条の2。なお，実演については録音と録画による複製に限定される）。

Q12.

各学校における教育用イントラネットにおける送信は，公衆送信に
該当するか。

A.

原則として公衆送信に該当するが，送信と受信の全てが「同一の構
内」で完結する場合には，公衆送信に該当しない。

解説

著作権者は，公衆送信権を有しているので（23条1項），著作物を公
衆送信する場合には，著作権者の許諾が必要となる。しかし，授業目
的公衆送信を行う場合，原則として無許諾かつ補償金の支払いを条件に公衆送
信することができる。

公衆送信とは，「公衆によって直接受信されることを目的として無線通信又
は有線電気通信の送信」（2条1項7号の2）を行うことをいう。典型的には，著
作物を放送したり，インターネット上で送信したりすることがこれに当たる[6]。
インターネット上で送信する場合のような自動公衆送信の場合，公衆送信には，
送信可能化（2条1項9号の5）を含むとされているため（23条1項），著作物を
LMS用のサーバーへ保存するなどしてインターネットを通じて送信できる状
態にすることも，公衆送信に該当する。

もっとも，「電気通信設備で，その1の部分の設置の場所が他の部分の設置
の場所と同一の構内（その構内が2以上の者の占有に属している場合には，同
一の者の占有に属する区域内）にあるものによる送信」（2条1項7号の2）は，
「公衆によって直接受信されることを目的とし〔た〕無線通信又は有線電気通
信の送信」から除外される。したがって，送信と受信の全てが「同一の構内」

---

[6] 著作隣接権の側面では，実演を放送・有線放送，送信可能化すること，レコードを送信可能化
すること，放送を再放送・有線放送，送信可能化すること，有線放送を放送・再有線放送，送信可
能化することがこれに相当する。

で完結する場合には，公衆送信に該当しないので，無許諾・無償で著作物を使用できる。しかし，受信がてのリーハーの設置場所の同一の構内以外から行われる場合には，公衆送信に該当するので，授業目的公衆送信を行う場合には，許諾は不要であるものの，有償となる[*7]。

「同一の構内」とは何を意味するのかについて，著作権法には定義がないが，文言の通常の意味からすれば，同じ建物または敷地の中を意味すると考えられる。また，平成15年に導入された遠隔合同授業のための公衆送信に関する権利制限は，異なる遠隔の場所の合同授業（例えば，同じ市町村の教育委員会が設置する，A地区の第1小学校とB地区の第2小学校で算数の授業を行う）を，当然に公衆送信に該当するものと考えていることを踏まえると，少なくとも異なる敷地が遠隔の場所にある場合には，その場所間での著作物の送受信を伴う行為を行うことは，公衆送信に該当すると解される。

したがって，同一の建物や，同じ敷地（キャンパス）の中にいくつかの建物がある場合に，無線通信や有線通信を用いた構内LANが構築されている場合には，同一の構内での送信に該当しうるので公衆送信には該当しない。その結果，授業でLMSを用いるときには，公衆送信となる場合とならない場合とが混在することになるが，平成30年改正により，補償金の支払いが義務であるとはいえ無許諾での公衆送信が可能になったことから，教育機関にとって大きな不都合が生じるとはいえない。

これに対して，大学において遠隔の別キャンパスへの送信が伴う場合には，公衆送信に該当する。なお，公道を挟んで隣接する敷地に大学の建物があるなどの場合でも，遠隔といわざるをえないので，公衆送信に該当する。こうした解釈は杓子定規で，違和感を感じる部分があるものの，少なくとも授業の場面においては，公衆送信についても35条が適用されることから教育機関にとって著しい不都合は生じないだろう。

校内放送については，同じ建物内に設置されている放送設備を用いて行われる場合には，公衆送信には該当しない。なお，受信の場所でモニターやスピー

---

*7　第196回国会衆議院文部科学委員会会議録第6号（平成30年4月11日）33頁における中岡司政府参考人（文化庁次長）の答弁を参照。

カーを通して，上映や演奏がなされることになるが，非営利上映等の権利制限
規定（→p.114）により，無償の権利制限の対象となる場合が多いであろう。

Q13.

　　大学の教員が，その担当する授業を履修する個別の学生に対して，
授業で解説する新聞記事をメールに添付して送付することは，公衆送信
に該当するか。

A.

　　法的リスクの回避の観点から，原則として公衆送信に該当すると考
えたうえで，授業目的公衆送信制度の枠内で対処することが適切である。

解説　　送信と受信の全てが「同一の構内」で完結する場合には，公衆送信に
　　　　該当しないが，メールの送信に関しては，設置場所の異なる複数のサ
ーバーを介して送受信が行われるため，「同一の構内」での送信には該当しな
い。

　メールは少数に対して送信することが多い。そのためメール送信が公衆送信
に該当するかどうかは，受信側が「公衆」に該当するかどうかによる。しかし，
この「公衆」概念の捉え方については，次に述べるような議論があり，それほ
ど明確ではない。

　著作権法は，「この法律にいう『公衆』には，特定かつ多数の者を含むもの
とする」（2条5項）とする。したがって，公衆の概念に，特定多数の者が含ま
れることは明らかである。他方，特定かつ少数の者が公衆に含まれないことは
明らかであるし，不特定かつ多数の者が公衆に含まれることについても，学説
上，争いはない。問題となるのは，不特定かつ少数の者が公衆に含まれるかど
うかである。学説としては，不特定少数は公衆に含まれないとする説（a説）[*8]，
純粋な不特定少数は公衆には該当しないとしつつ，多数かどうかの判断につ
いて一定の時間的経過を念頭に累積して多数になれば足りるとする説（b説）[*9]，

少数かどうかは関係なく不特定の者であれば公衆に該当するとする説（c説）[*10]に分かれている。b説とc説の結論の相違は，累積しても少数だが，それでも不特定と考えられる者に著作物を提供する場合に生じる。また，いかなる者が不特定に該当するのかについて，学説は分かれており，個人的な結合関係の存在によって判断する説[*11]や，利用を設ける機会が広く多数の者に与えられていたかを重視する説[*12]，（貸与禁止権の公衆について）私的複製の「家庭内その他これに準ずる限られた範囲内」（30条）の者以外であれば足りることを示唆する見解[*13]がある。

▶裁判例　　裁判例は，公衆の要件に関して，多数かどうかだけ認定して判断をするものや（〔選撮見録事件：第一審[*14]，同：控訴審[*15]〕。公衆送信禁止権），不特定の者に該当することのみをもって公衆に該当するとするもの（〔まねきTV事件：上告審[*16]〕。公衆送信禁止権），あるいは諸要素を総合的に考慮して「公衆」に該当するかを検討するもの（〔社交ダンス教室事件：第一審[*17]〕。演奏禁止権）がある[*18]。

　総合考慮型の判断枠組を採用した〔社交ダンス教室事件：第一審〕は，「著作物の公衆に対する使用行為に当たるか否かは，著作物の種類・性質や利用態様を前提として，著作権者の権利を及ぼすことが社会通念上適切か否かという観点をも勘案して判断するのが相当である（このような判断の結果，著作権者の権利を及ぼすべきでないとされた場合に，当該使用行為は『特定かつ少数の

[*8]　小倉秀夫＝金井重彦編著『著作権法コンメンタール〔改訂版〕I』（第一法規，2020年）234頁〔小倉秀夫〕。

[*9]　奥邨弘司「判批」A.I.P.P.I 56巻9号（2011年）619頁。

[*10]　高林龍『標準著作権法〔第4版〕』（有斐閣，2019年）133頁，入門148頁〔島並良〕，茶園成樹編『著作権法〔第2版〕』（有斐閣，2016年）117頁〔陳思勤〕。

[*11]　逐条73頁。

[*12]　駒田泰土「判批」判時2127号（判評634号）（2011年）179頁。

[*13]　金子敏哉「判批」ジュリスト1304号（2006年）187頁。

[*14]　大阪地判平成17年10月24日判時1911号65頁。

[*15]　大阪高判平成19年6月14日判時1991号122頁。

[*16]　最判平成23年1月18日民集65巻1号121頁。

[*17]　名古屋地判平成15年2月7日判時1840号126頁。

[*18]　裁判例の分析については，平澤卓人「著作権法における『公に』及び『公衆』概念の限界——幸福の科学祈願経文事件」知的財産法政策学研究46号（2015年）364頁に詳しい。

者』に対するものであると評価されることになる。)」と述べている。実際の判断に際しても，多数か不特定かを区別しないで，評価を行っている。また，〔幸福の科学祈願経文事件[*19]〕は，「『公衆』には，不特定の者のほか，特定かつ多数の者が含まれる（同法2条5項）」としたうえで，「当該著作物の利用が公衆に対するものであるか否かは，事前の人的結合関係の強弱に加え，著作物の種類・性質や利用態様等も考慮し，社会通念に従って判断するのが相当である」としており，基本的には，〔社交ダンス教室事件：第一審〕と同様の総合考慮型の判断枠組を採用している。

　以上のように様々な学説や判例があるなか，授業の過程における学生へのメールによる著作物の送信が，公衆送信に該当するかどうかは，あいまいな部分が残らざるをえない。そのあいまいな部分について法的リスクを解消するうえでは，補償金の支払いを条件に送信を行うことが1つの手段となる。

Q14.

　「同時双方向型の遠隔授業」（配信側〔授業を行う教員〕と，受信側〔授業を受ける生徒〕をICTで繋いで行う授業）やオンデマンド授業は無許諾・有償であるのに対して，「遠隔合同授業」（双方の教室に教員と生徒がいる状態で，両教室をICTで繋いで行う授業）は無許諾・無償である。同じ公衆送信であるにもかかわらず，権利制限のタイプが異なるのはなぜか。

A.

　立法過程での議論により，そのような結論となっている。本来的にいずれの行為も補償の対象とすることが適当であるという意見もあったが，教育関係団体から，現在無償で行える行為は無償を維持してほしいという要望もあり，教育現場の混乱への配慮の観点から，権利制限のタイプが異なることになった。

---

*19　東京地判平成25年12月13日（平成24年（ワ）第24933号，平成25年（ワ）第16293号）。

解説　国会の審議において同時双方向型の遠隔授業と遠隔合同授業について，権利制限が異なる意味と違いについて説明が求められた経緯がある[20]。政府参考人からは，文部科学省としては，権利者の不利益に配慮する観点から，本来的にいずれの行為も補償の対象とすることが適当であり，それぐらい時代の進展があったと考えていたものの，教育関係団体から，現在無償で行える行為は無償を維持してほしいという要望が示されており，教育現場の混乱への配慮の観点から今回の案を採用したとの説明がなされた[21]。

　この点については，文化審議会著作権分科会の報告書でも，「現在無償で可能となっている教育機関における複製や同時授業公衆送信を補償金請求権の対象とした場合，教育現場の混乱を招きかねず，教育現場における著作物の利用を促進し，教育の質を向上させることにより文化の発展を達成するという法目的が達成できなくなるおそれがある」と報告されていた[22]。教育現場の混乱への配慮の観点から，権利制限のタイプが異なることになったのである。

Q15.

　教員が，対面式の授業において，授業に関連する動画共有サイトの動画をスクリーンに映し出して見せることは，著作権を侵害しないか。

　リアルタイム配信型のオンライン授業において，教員が授業に関連する動画共有サイトの映像を見せたり，音楽を聴かせたりすることは，著作権を侵害しないか。

A.

　35条の権利制限の対象となる公の伝達や公衆送信に該当するため，著作権を侵害しない。

---

[20]　第196回国会衆議院文部科学委員会会議録第5号（平成30年4月6日）14頁〔山本和嘉子委員〕。

[21]　前掲注20・14頁〔中岡司政府参考人（文化庁次長）〕。

[22]　文化審議会著作権分科会「文化審議会著作権分科会報告書」（平成29年4月）85頁。

解説　公の伝達とは，公衆送信された著作物を，テレビなどの受信装置を使って公衆に伝達する（見せたり聞かせたりする）ことをいう（23条2項）。インターネットのホームページ等を受信装置であるパソコンで直接受信して，教室のスクリーンで見せる行為は，（公衆）伝達権の対象となる。平成30年の著作権法改正において，35条1項の無償の権利制限の対象に，伝達権を入れたことによって，サーバーにアップされているような情報を教室内で画面に映し出して見せるというようなことが，無許諾・無償で行えることになった。動画共有サイトにアクセスし，対面式の授業において，スクリーンに映し出して見せることは，必要の限度で行われ，著作権者の利益を不当に害しないのであれば，著作権を侵害しない。

　なお，保存した動画をスクリーンに上映する場合，35条で複製権に関する権利制限の適用を受け，次に38条1項（→ p.114）に基づき上映権や演奏権の権利制限の適用を受けるという具合に，複数の制限規定の段階的な適用を受けるという理解によって適法に行いうる。

　リアルタイム配信型のオンライン授業において，授業に関連する動画共有サイトの映像を見せたり，音楽を聴かせたりすることは，公衆送信に該当するので35条1項の要件を満たせば，適法に行うことができる。もっとも，著作権者の利益を不当に害する場合は認められないので，その点は注意を要する。

　なお，上記のいずれの場合においても，利用態様によっては，32条の引用に該当することで著作権侵害にならない場合もあるだろう（→ p.165）。

Q16.

　教育機関と雇用関係にない学外の者をゲストとして招いて，特別講義や実習・実演を行うときに，そのゲスト講師が，授業に必要となる教材を複製して配布する場合，その教材に含まれる著作物の著作権者の許諾が必要か。

　複製や公衆送信のための作業は常に授業を担当する教員自身が行わなければならないか。

A.

　著作権者の許諾は必要ではない。ゲスト講師であっても，「教育を担任する者」に当たるため，35条の規定が適用される。

　複製や公衆送信は，担当教員の指示を受けた事務職員等の教育支援者および補助者らが行うこともできる。

解説　「教育を担任する者」とは，授業を実際に行う人（以下，「教員等」）をいう。該当する例として，「教諭，教授，講師等（名称，教員免許状の有無，常勤・非常勤などの雇用形態は問わない）」がある（『運用指針』）。したがって，ゲスト講師であっても「教育を担任する者」に該当するので，著作物を含む教材を複製等する場合，著作権者の許諾は必要ではない。

　「教員等の指示を受けて，事務職員等の教育支援者及び補助者らが，学校内の設備を用いるなど学校の管理が及ぶ形で複製や公衆送信を行う場合は，教員等の行為とする」とされている（『運用指針』）。したがって，例えば，情報通信技術（ICT）に不慣れな教員が，LMSの教材管理を事務職員に指示した場合，教育を担当する者の行為と考えられ，必要な限度で行われる公衆送信について著作権者の許諾は不要である。

Q17.

大学の演習（ゼミナール）で，履修登録はしていないが，事実上，聴講生として参加している学生がいる場合，「授業を受ける者」に該当するか。

A.

「授業を受ける者」に該当する。

解説　「授業を受ける者」とは，教員等の学習支援を受けている人，または指導下にある人（以下，「履修者等」）をいう。該当する例として，「名称や年齢を問わず，実際に学習する者（児童，生徒，学生，科目履修生，受講者等）」が挙げられる。『運用指針』では，「履修者等の求めに応じて，事務職員等の教育支援者及び補助者らが，学校内の設備を用いるなど学校の管理が及ぶ形で複製や公衆送信を行う場合は，履修者等の行為とする」とされている。聴講生として参加している学生がいる場合，履修登録はしていなくても，「授業を受ける者」に該当すると考えて差し支えない。

したがって，当該聴講生が，ゼミの発表の際に他人の著作物を含む資料の複製物を他のゼミ生に配布したり，LMSにそれらをアップロードしたりすることも許容される。

（5）　授業の過程における利用に供する目的

①　授業

Q18.

　　小学校の教員が，学校行事の遠足の際に用いるために，市販のガイドブックから訪問場所の説明が掲載されている記事の部分のみをコピーして，クラスの生徒全員に配布することは，著作権者の許諾がなくてもできるか。

A.
　　できる。学校行事の遠足も「授業の過程」に該当するので，この事案の状況では著作権者の許諾なしで利用できる。

解説　「授業」の文言について，著作権法上の定義はないが，『運用指針』では「学校その他の教育機関の責任において，その管理下で教育を担任する者が学習者に対して実施する教育活動を指」すとされている。

　何が35条にいう「授業」であるかを判断するには，同条が適用される教育機関とその教育活動の多様性に配慮する必要がある。すなわち，典型的な教育機関とそこにおける典型的な教育活動のみを前提とするのではなく，多様な教育機関の多様な教育活動があるということを想定する必要がある。

　まず，典型的な教育機関が通常の教育活動として行う，講義，実習，演習，ゼミ等は，それらが具体的にどのような名称で呼ばれるかは関係なく，「授業」に該当するとして問題ない。また，通信教育を通常の教育活動として行う教育機関があることや，教育の情報化に伴い一般的な教育機関でもICTを活用した教育活動が行われることも一般的であるため，通信教育での面接授業と通信授業（教科書等〔インターネット配信を含む〕で学んで添削指導や試験を受ける授業），また，インターネットを通して教員と学生が双方向でやりとりして学ぶ授業であるメディア授業（リアルタイムに行う「同時双方向型」と，サーバーにコンテンツを置く「非同時双方向型」がある）等も，授業に該当する。

　多様な教育機関には，公民館，図書館，博物館などの社会教育機関も含まれる。公民館は，市町村その他一定区域内の住民のために，実際生活に即する教育，学術および文化に関する各種の事業を行い（社会教育法20条），その目的達成のために，定期講座の開設や，討論会，講習会，講演会，実習会，展示会等の開催を行うことがあるが（同22条），これらも授業に該当しうる。例えば，博物館等における解説講座や，公民館での講座で受講者に配付するため，講座の担当者である学芸員や講師が資料として出版物の小部分をコピーして配布するという場面でも，「授業の過程での複製」に該当する。

　図書館は，読書会，研究会，鑑賞会，映写会，資料展示会等を主催し，およびこれらの開催を奨励すること（図書館法３条６号），社会教育における学習の機会を利用して行った学習の成果を活用して行う教育活動その他の活動の機会を提供し，およびその提供を奨励すること（同３条８号），に努めなければならない（同３条柱書）が，これらの事業を自らの事業として行う場合には授業に該当しうる。

　博物館も，博物館資料に関する講演会，講習会，映写会，研究会等を主催し，およびその開催を援助すること（博物館法３条１項７号），社会教育における学習の機会を利用して行った学習の成果を活用して行う教育活動その他の活動の機会を提供し，およびその提供を奨励すること（同３条１項９号）を事業として行う（同３条１項柱書）が，これらを自らの事業として行う場合には授業に該当しうる。

　他方で，典型的な教育機関についても，その教育活動の多様性に配慮する必要がある。例えば，初等中等教育の特別活動（学級活動・ホームルーム活動，クラブ活動，児童・生徒会活動，学校行事，その他）や部活動，課外補習授業等も，授業に該当するとして差し支えない（→ p.086）。

　したがって，初等中等教育で学校行事として行われる遠足において，教員が市販のガイドブックから訪問場所の説明が掲載されている記事のみをコピーして，クラスの生徒全員に配布することは，授業の過程における利用に供することを目的とした複製に該当する。

Q19.

大学が社会連携の一環で主催する公開講座において，その講座を担当する講師が，講座の内容に関係する出版物の小部分を著作権者の許諾を得ずにコピーして，配布して利用することができるか。

A.

利用できる場合がある。大学が社会連携の一環で主催する公開講座は，35条における「授業」に該当しうるためである。ただし，大学が主催する全ての公開講座が無条件で「授業」に該当するわけではない。

解説　35条の「授業」について著作権法に定義がないため，この文言の意味内容は，法解釈によって明らかにする必要がある。その際には，同条の適用される教育機関とその教育活動の多様性を考慮して解釈する必要があるものの，それらの教育機関が行う教育活動以外の活動も多様であるから，35条の「授業」に該当するというためには，単に教育機関が行う何らかの活動であるだけでは足りない。35条が「教育を担任する者」と「授業を受ける者」との存在を前提としている以上，「授業」といえるためには，少なくとも教育を担任する者と学習者の立場をもつ者の存在は必要であると解される。したがって，そうした関係性がない状況で行われる教職員会議，教職員を対象としたセミナー（ファカルティ・ディベロップメント〔FD〕やスタッフ・ディベロップメント〔SD〕），保護者会，生徒が自主的に行うボランティア活動，大学でのサークル活動等は，「授業」には該当しない。

　また，単に教育機関の施設を場として利用しているに過ぎず，当該教育機関以外の主体が主催者になるような講演会や講座も，当該教育機関における授業に該当しない。

　では，教育を担任する者と学習者の立場をもつ者の存在は必要であるとして，35条の「授業」が成立するうえで，学習者は，教育機関との間で在学関係が必要であろうか。この点，同条の適用される教育機関とその教育活動の多様性

を考慮すると，公民館，図書館，博物館などの社会教育機関が行う講座の場合，**在学関係がなくても「授業」が成立する**というべきである。問題は，典型的な教育機関が社会連携として行う公開講座も，これと同様に捉えられるかである。

　この点について，典型的な教育機関の場合には，在学関係を前提とした授業と称される活動の一般的な態様を前提とするべきとして，否定的に考える立場もあるかもしれない。しかし，学校教育法は，大学が公開講座の施設を設けることができるとするとともに（学校教育法 107 条），国立大学法人法は，国立大学法人の業務として，公開講座の開設その他の学生以外の者に対する学習の機会を提供すること（国立大学法人法 22 条 1 項 4 号）を挙げている。このことは，大学は社会教育機関と同様の機能を持つべきことを前提としていると考えられる。著作権法上，社会教育機関が行う，在学関係がない者に対する講座を「授業」として行いうることと同様のことが，大学が行う公開講座にもいえると考えられよう。大学が行う公開講座も「授業」に該当する場合があると解するべきである。『運用指針』でも，授業に該当する例の 1 つとして「学校その他の教育機関が主催する公開講座（自らの事業として行うもの。収支予算の状況などに照らし，事業の規模等が相当程度になるものについては別途検討する）」を挙げている。

　したがって，大学が社会連携の一環で主催する公開講座も 35 条における「授業」に該当しうると考えられる。ただし，公開講座である以上，事業として相当の規模になることも考えられるため，複製の部数および当該複製，公衆送信の態様に照らして，著作権者の利益を不当に害することとなり，認められない場合もあるので注意が必要である。

　なお，『運用指針』では，教育機関が行う履修証明プログラム（社会人等の学生以外の者を対象とした教育プログラム。修了者には学校教育法 105 条に基づく履修証明書が交付される）も同条における「授業」に該当するとしている。

② 授業の過程における利用

Q20.

　　教員が，担当する授業で学生に映像資料を上映して見せるために，地上波デジタル放送の全番組を学校のハードディスクレコーダーで録画して，ライブラリーを作成しておくことは，著作権者の許諾がなくてもできるか。

A.

　　全ての番組を録画しておくことは，その授業の過程における利用に供することを目的としない著作物を複製することになるので，認められない。また，仮に目的を満たしているとしても，授業のために必要と認められる限度の複製といえない。

解説　35条１項の規定によると，複製について著作権者から許諾を得なくてもよいのは「その授業の過程における利用に供することを目的とする場合」である。「利用に供することを目的とする」という文言からすると，利用するという目的があれば，複製しておくことができると解されるので，結果として利用されないものが生じたとしても，複製物の目的外使用（49条１項１号）に該当する利用をしないかぎり，著作権侵害となるわけではない。しかし，全ての番組を録画しておくことは，その授業の過程における利用に供することを目的としない著作物が含まれることが明らかであるので，認められない。

　また，授業の過程における利用に供するという目的はあったとしても，客観的にみて「その必要と認められる限度における」複製であるとはいいがたい。さらに，ライブラリーのようなものを作れば，複製の態様からみて，著作権者の利益を不当に害する結果ともなる。

　他方で，授業で利用する目的がある場合に，いくつかの番組を特定して録画することは必要な限度の複製といえる。授業中に上映すること自体は，全部を上映することも含めて，許諾を受けなくても非営利上映として適法になしうる

（38条1項）。

Q21.

当初は，教員自身が個人的に視聴する目的で，公害問題を扱ったテレビ番組を録画したが，後になって，大学で自ら担当する環境政策の授業でも上映したいと考えるに至った。この場合，著作権者の許諾を得なくても，録画した当該テレビ番組を授業で上映することはできるか。

A.

著作権者の許諾を得なくても，上映することはできる。

解説

私的使用のために複製の権利制限規定（30条1項）の適用により**複製した複製物**を，その目的以外の目的のために頒布したり，公衆への提示を行ったりすることは，複製権の侵害となる（49条1項1号）。この点について，当初は私的使用のための複製（30条1項）を行った複製物を，授業の過程で上映することは，複製物の目的外使用（公衆への提示）に該当するようにも読める（49条1項1号）。しかし，49条1項1号は，30条1項1号に定める目的以外の目的で，これらの規定を受けて作成された著作物の複製物を頒布し，または，当該複製物によって当該著作物の公衆への提示を行う場合について，複製を行ったものとみなしており（みなし複製），このみなし複製自体にも35条1項が適用されるので，**35条1項の要件を満たす限り**，結果として**同条の適用を受けることができる**。したがって，当初，個人的に視聴する目的で録画したテレビ番組の複製物を，後に授業において上映する場合，改めて著作権者の許諾を得る必要はない。

なお，『運用指針』によると，履修者等による予習，復習は「授業の過程」とされるとともに，①送信された著作物の履修者等による複製，②授業用資料作成のための準備段階や授業後の事後検討における教員等による複製，③自らの記録として保存しておくための教員等または履修者等による複製は授業の過

程での行為となる。

Q22.

教員間や教育機関間で他人の著作物を含む教材の原本を複製して配布したり，ファイルを電子メールで送信したり，クラウド・サーバーにアップロードする等して共有することは，著作権者の許諾なくできるか。

A.

原則としてできない。共有のための複製や公衆送信は，教育を担当する者が「その授業の過程」で利用する範囲を超えてなされるからである。

解説　平成30年の改正法により，授業の過程での使用に供するため，他人の著作物を含む教材をサーバーへ蓄積することも一定の要件のもとで権利制限の対象に含むことになった。そのように蓄積される素材は，デジタル化されたもので，ネットワークを介して利用されるものであることから，結果として，教員間や教育機関間での教材等の共有，また，担当教員による授業資料の複数回の利用や転用が容易となる。

　国会の審議では，委員から，教員間や教育機関間での教材等の共有について質問がなされた[*23]。政府参考人からは，「文化審議会著作権分科会報告書」（平成29年4月）に基づいて，「共有の範囲によっては権利者に与える不利益が大きなものとなる，そして，民間の教材関係者との競合の問題が生ずることとなるために，教育上の必要性が認められるケースについてより詳細に吟味した上で，権利者に及び得る影響の度合いとのバランスについて更に考察を深める必要がある」との説明がなされるとともに，今般の法改正を契機とした教育機関における著作物の利用に関するライセンシング環境の整備に向けた検討により，

---

*23　前掲注20・12頁〔山本和嘉子委員〕。

教材の共有にかかる著作物利用の円滑化が図られていくことも期待されるとの答弁がなされた[24]。

したがって，現行法の解釈としては，教員間や教育機関間で教材等を複製または公衆送信を伴う方式で共有することは，教育を担任する者および授業を受ける者にとって，「その授業の過程」における利用に供するとはいえず35条は適用されない。他人の著作物を含む教材を共有する場合には，共有することの利用許諾が得られている素材を利用したり，引用に該当する範囲での利用に止めるなどの工夫が必要である。

Q23.

　授業担当教員が授業で直接利用するために作成した教材の原本（紙媒体やUSBメモリ等の方式で保存されている）がある場合に，その原本自体を，同僚の教員に渡して授業で利用させたり，借り受けた同僚の教員が自らの授業で利用するために複製することは，著作権者の許諾なくできるか。

A.

　その教材を利用できるのが特定かつ少人数の教員である場合には，可能である。

解説　教員が35条の適用を受けて他人の著作物を含む教材を作成した場合に，その複製物をその目的以外の目的のために頒布したり，公衆への提示を行うことは，複製を行ったものとみなされる（49条1項1号）。「頒布」とは，「有償であるか又は無償であるかを問わず，複製物を公衆に譲渡し，又は貸与すること」（2条1項19号）をいうので，公衆に至らない範囲で頒布や提示を伴う方法で共有することは，目的外使用にはならない。また，公衆には少

なくとも特定かつ少数の者は含まないと解される（2条5項参照→ p.038）。

　したがって，例えば授業担当教員が授業のために作成した教材の原本がある場合に，その原本自体を同僚の教員が借り受ける形で共有されたとしても，借り受けたのが特定かつ少人数の者である場合には，49条1項1号には該当しないので，著作権者の許諾なくできる。

　さらに，他の教員が当該教材の複製等を行うことも35条1項の要件を満たす限りにおいて認められる。同様に，当該教材が保存されている USB メモリ等の媒体を特定の教員に貸与した場合に，貸与を受けた側の教員が自ら担当する授業で利用するために当該教材の複製をすることも35条1項に該当しうる。ただし，著作権者の利益を不当に害する場合には認められないので注意が必要である。

　なお，特定かつ少人数であっても他の教員と共有する目的で，各教科の準備室や教材室に設置しているパソコンのハードディスク上に当該教材を保存したり，クラウドサーバー上にアップロードすることは，その時点で「授業の過程」で利用することを目的としない複製が行われるので，35条1項が適用されない。

　以上は，他人の著作物を含む教材の問題であったが，教育機関や教員自体が著作権を保有している教材等がある場合には，それらを登録して共有する仕組みの開発など，ライセンシング環境の整備が期待されるところである。

　共有に類似した場面であるが，共同で1つの授業の各回を担当する複数の教員がいるオムニバス形式の授業において，1つのサーバー上に授業の過程で利用する教材（例えば新聞記事）をアップロードする（各回の教材が教員間で共有できる状態になっている）のは，1つの授業の一連の過程であるとすれば，その授業の過程において利用するものといえるであろう。

Q24.

大学で授業を担当する教員が，教室での授業時間内には使用しない
ものの，事前または事後学習の際に利用するものとして，授業の内容に
関係する新聞記事を複製して学生に配布したり，スキャンしたデータを
LMSにアップロードしたりすることは，著作権者の許諾なくできるか。

A.

できる。授業の過程には，教育を受ける者の事前学習や事後学習も
含まれる。

解説　授業の過程には，授業時間のほか，事前学習や事後学習も含まれると
考えられるので，授業時間内に利用するだけでなく，事前学習や事後
学習の過程で利用させる教材も，「その授業の過程における利用に供する」と
いう目的があるといえる。

　もっとも，事前学習・事後学習も含めた授業の過程において利用する目的が
ある場合でも，複製等する目的や分量は客観的にみて「その必要と認められる
限度」でなければならない。例えば，講義に関してシラバスで明示している教
科書や参考書などの教材は，学習者が購入することが求められているので，た
とえ事前学習や事後学習に用いられるものだとしても，教材として複製等をす
る必要性に欠けることになる。また，事前学習や事後学習で消化しきれない分
量を複製等することも必要性に欠ける。さらに，事前学習や事後学習において
学生が利用できる分量であったとしても，「著作権者の利益を不当に害する」
場合には認められない。例えば，大学の演習における論文指導で，論文の執筆
の指導に必要であるからという理由で，他人の著作物を教材として複製等して
学生に利用させる場合など，学習者において多くの自己学習の時間が必要とさ
れる形式の授業に関しては，この点について注意を払う必要がある。

Q25.

授業の過程で利用するために LMS 上にアップロードした教材は，いつまでその授業を履修する学生に対して閲覧可能な状態にしておくことができるか。

A.

授業の過程が終了するまで，授業を履修する学生に対して閲覧可能な状態にすることができる。

解説 当初は授業の過程における利用に供する目的があり，実際に授業の過程で利用されていたとしても，**授業の期間を超えて閲覧可能な状態を維持することは**，その授業の過程における利用に供することを目的としない公衆送信がなされるので，**認められない**。

授業の過程に含まれる期間がどこまでなのかという問題があるが，35 条 1 項が適用される「教育機関」とその「授業」には様々なものが含まれるので，一律の期間を示すことは難しい。例えば，大学の授業であれば，授業の期間のみならず，試験，成績発表，単位認定などの評価業務の期間が終了するまでは，大学としては「学校その他の教育機関の責任において，その管理下で教育を担任する者が学習者に対して実施する教育活動」（『運用指針』）がなされている期間といえるであろう。また，大学において，春学期と秋学期に設置されている 2 つの科目について，段階的な履修が求められている場合に，春学期の授業内容を秋学期の事前学習において参照し，利用する必要がある場合においては，秋学期の期間が終了するまで，LMS 上で教材にアクセスできるようにすることも，授業の過程での利用を目的とするといえるとともに，授業の目的または効果との関係において，客観的にみて，必要と認められる限度の利用ともいえるであろう。

なお，授業を受ける者が授業の過程が継続する間にそれらの教材をダウンロードしたり，プリントアウトした複製物を授業の過程の終了後も保有し続けた

としても，当該複製物を頒布したり公衆に提示するといった目的外の使用をしない限り（49条1項1号），著作権侵害の問題は生じない。授業の過程を終了した後も教材を利用したい学生がいるのであれば，授業の過程が終了した後もLMS上で閲覧可能な状態にするのではなく，履修期間中にダウンロードさせればよい。

Q26.

　学校で授業を担当した教員が，次年度に自分が担当する授業で利用することを目的に，当該教員のみがアクセスできるクラウド上のサーバーに，他人の著作物が含まれる教材を複製して保存しておく場合，著作権者の許諾は必要か。

A.

　著作権者の許諾は必要ではない。そのクラウド上のサーバーに不特定または多数の者に対して送信可能化の状態になっている場合でなければ，複製物の目的外使用に該当しない。

解説　教員がある学期の授業の過程において利用するために作成した教材を，自分だけがアクセスできるクラウド上のサーバーに保管している場合，学期が過ぎた後でも，そのクラウド上のサーバーにおいて不特定または多数の者に対して送信可能化の状態になっている場合でなければ，複製物の目的外使用（49条1項1号）に該当しない。したがって，引き続き，クラウド上のサーバーに保存しておくことができる。授業の過程が含まれる学期が終了したからといって，すぐに教材をクラウド上のサーバーから削除する必要はない。

　担当予定の授業の準備のために，自分だけがアクセスできるクラウド上のサーバーに保管しておくことも，授業の過程での利用に供する目的があるといえる。

　なお，担当予定がない授業のために，業務とは関係なく，自己研鑽の学習の

ために資料を収集して保存することは，私的使用のための複製に該当するので著作権者の許諾は不要とされることが多いであろう。その場合，クラウド上のサーバーに保存しておくことも，少なくとも自分しかアクセスできないのであれば，そもそも公衆送信に該当しないので，著作権者の許諾は不要である。

(6)　必要性：必要と認められる限度

Q27.

　　初中等教育の全学年を対象とした授業や大学の講義において，授業に参加している生徒や学生が 300 名ほどいる場合，著作物を 300 部複製し，あるいは 300 名を対象として授業目的での公衆送信をすることは，必要と認められる限度といえるか。

A.

　　必要と認められる限度に該当する。クラス単位や授業単位までの利用は，人数にかかわらず，原則として必要と認められる限度の利用と考えられる。

解説　　複製に関して，複製する範囲・分量，複製する部数は「必要と認められる限度」でなければならない。公衆送信には，部数という概念ではなく，通常の 1 クラスの人数と担任する者のみが閲覧できるようにするなど，授業で利用に供される著作物を閲覧できる者が限定されていることが求められる。例えば，ID やパスワードでアクセスを管理すること等により，アクセス可能な人数や範囲を管理することで，必要と認められる限度の要件が担保される。

　クラスの人数に限度があるかであるが，『運用指針』では，「複製部数や公衆送信の受信者の数が，授業を担当する教員等及び当該授業の履修者等の数を超えるような場合は，そもそも『授業のために必要と認められる限度』を超えており認められませんし，併せて著作権者等の利益を不当に害する可能性が高

い」とされており，基本的には，人数の多寡にかかわらず当該授業のクラスサイズの単位までの利用であれば，必要と認められる限度といえることを前提としていると考えられる。また，『運用指針』は，「授業参観や研究授業の参観者に，授業で配布する著作物と同一の著作物を配布すること」も，必要と認められる限度であるとしている。

したがって，この『運用指針』に従えば，初中等教育の全学年を対象とした授業や大学の講義で，出席している生徒や学生が300名程度いたとして，著作物を300部複製し，あるいは300名を対象に公衆送信をすることも，その必要な限度といえると考えられる。

もっとも，人数面での必要性において，クラスサイズの単位での複製や公衆送信が認められるとしても，内容面での必要性として，その授業のために当該複製や公衆送信が必要かどうかは別の問題である。この点は授業の内容や進め方等の実態を踏まえて判断する必要がある。また，履修者の数以外の点で，著作物の用途または複製や公衆送信の態様に関して著作権者の利益を不当に害すると評価される可能性もあるので注意を要する。

Q28.

授業で利用する教材の中で，授業の内容理解をより高めるための演出として，他人の著作物であるイラストを複製して掲載することは，必要と認められる限度に該当するか。

A.

スライドをより見やすくし，教育の効果を高めるために，他人の著作物である素材を使用するような場合には，授業の目的または効果との関係において，客観的にみて，必要と認められる限度の利用といえる場合もあると考えられる。しかし，「著作権者の利益を不当に害すること」になる場合も考えられるので，法的リスクの回避の観点から，著作権者に対して個別に許諾の要否や使用料の有無について確認をするか，あるいは，ライセンスフリー素材や教育機関向けの包括契約がなされている素材など，個別の許諾が不要である素材を利用することが望ましいといえる。

解説　必要と認められる限度という要件は，その文言を素直に読むと，複製される部数や公衆送信される著作物の閲覧の範囲の限度だけではなく，目的の範囲を限定するものとも解される。

　ただし，著作物の利用が娯楽目的しかない場合，「必要と認められる限度」というよりも，そもそも「その授業の過程における利用に供することを目的とする場合」に該当しない[*25]。例えば，授業と無関係に，学生の娯楽のために教員が好きなテレビアニメを DVD に複製して学生に配布するといったことは認められない。

　他方で，利用の際に娯楽的要素や鑑賞的要素が含まれるとしても，授業の過

---

*25　半田正夫＝松田政行編『著作権法コンメンタール2〔第2版〕』（勁草書房，2015年）297頁〔茶園成樹〕。

程での利用に供する目的が常に否定されるわけでもない。例えば，漫画の表現技法を学ぶ講義においてギャグ漫画を素材として授業を行ったり，外国語の授業で映画の台詞を素材として外国語表現を学習させる場合のように，教員が授業で用いるために漫画や映画を資料として複製する場合も想定されるが，こうした場面では授業の内容そのものから娯楽的要素や鑑賞的要素を切り離すことができない。

そもそも「授業」それ自体について法は定義していないので，**授業の過程で利用する場合に，娯楽的要素や鑑賞的要素が含まれることを排除する必要はない。当該授業の目的または効果との関係において，客観的にみて，「必要と認められる限度」の利用か否かを検討するべきである。**例えば，アニメーションの歴史について学ぶ授業において，特定のアニメキャラクターのイラストをスライドに複製等することは，客観的にみて授業の目的および効果と直接関係すると考えられるので，必要と認められるといえる。ただ，この場合には，引用の規定に該当する場合もあるだろう（→ p. 169）。

他方で，授業の内容には直接関わりないが，生徒への教育的な効果をより高めるために，表現上の工夫としてスライドに子供の注意を引きそうなイラストを複製して利用することも，授業の効果との関係では，客観的に見て必要性がないとまではいえない。たとえ生徒がそのイラストを見て楽しさを感じたとしても，授業の効果を高めるために必要である場合もあるだろう。他のイラストを用いることも可能であるから，素材としての代替性があることは確かであるが，代替性があるから常に利用の必要性に欠けるとまではいえない。

したがって，このような方法での演出的利用，すなわち，教育の効果を高めるために，表現上の工夫として他人の著作物である素材を教材に使用するような利用についても，教育的な効果が認められる範囲では必要性を認めるべき場合もあると考えられる。

しかしながら，教育機関向けにイラストを提供している事業者やイラストレーターがいることも事実であり，こうした事業者やイラストレーターの市販物の売れ行きが低下したり，将来における著作物の潜在的販路を阻害したりする可能性は高い。また，映画やテレビアニメのキャラクターの利用について，権利者は，そもそも授業の過程における利用においてその必要と認められる限度

には当たらないと考えることが一般的である。仮に，その**必要と認められる限度**には該当しうるとしても，**著作権者の利益を不当に害する**か否かという点は，別途，検討を要することになる。

　したがって，上記のような演出的利用については，法的リスクの回避の観点から，著作権者に対して個別に許諾の要否や使用料の有無について確認をするか，あるいは，ライセンスフリー素材や教育機関向けの包括契約がなされている素材など，個別の許諾が不要である素材を利用することが望ましいといえる。

(7)　但書に当たらないこと：著作権者の利益を不当に害しない

Q29.

　　小学校の教員が，市販の問題集やドリルを，児童の購入の有無にかかわらず，学校で購入した1冊の中から，授業のたびに複製して児童に配布することは，著作権者の許諾を得ないで行うことができるか。

A.

　　著作権者の許諾を得ないで行えば，著作権侵害となる。これらの著作物の種類と用途に照らすと，購入するべきものを複製・配布することによって代替することが目的となると考えられるため，現実に市販物の売れ行きが低下したり，将来における著作物の潜在的販路を阻害したりする結果，著作権者の利益を不当に害することとなるためである。

解説　　著作物の種類と用途によっては，複製の部数や態様にかかわらず，複製をすることが，権利者の利益を不当に害する。例えば，授業を行ううえで，教員等や履修者等が通常は購入し，提供の契約をし，または，貸与を受けて利用することが想定されている教科書や，一人一人が演習のために直接記入する問題集等の資料に掲載されている著作物について，それらが掲載されている資料の購入等の代替となるような態様で複製を行うことは認められない（『運用指針』）。市販物の売れ行きが低下したり，将来における著作物の潜在的

061

販路を阻害したりするからである。

　したがって，例えば，参考書，問題集，ドリル，ワークブック，資料集，テストペーパー，白地図，教材として使われる楽譜を複製して配布することは，購入するべきものを複製・配布することによって代替することが目的であれば，認められない。他方で，例えば，生徒がドリルを忘れた場合に，ドリルの一部を複製して渡すというような行為は許容される（『運用指針』）。

　この点は，学校教材用として提供されている録音物・録音録画物（音楽用CD，CD-ROM 等デジタル媒体の音声を伴う参考書，補助教材，教育機関での上映を目的として頒布されるビデオ）も，同様である。それらの資料を購入する代替となるような複製物を作って利用するのであれば，著作権者の利益を不当に害することになる。レンタル用として頒布されたビデオ，DVD の映画の著作物は，その複製物をその都度レンタルすることにより，無形的に利用することが想定されている種類のものといえるので，それらの資料の貸与を受ける代替となるような複製物を作ることは，著作物の種類と用途に照らして，複製することが著作権者の利益を不当に害することになると考えられる。

Q30.

　授業を担当する教員は，その授業の過程において，授業に関連する著作物の全部について複製，公衆送信，あるいは公の伝達を行って，学生に利用させることはできるか。

A.

　35 条の文言上は，全部利用することは禁止されていないが，著作物の全部を複製等して利用することは，著作権者の利益を不当に害する場合が多いといえる。紙，デジタル等の形式に関係なく，著作物の小部分を利用できるのが原則である。しかし，著作権者の利益を不当に害しない場合には，全部を利用できる場合もある。

解説 35条の規定上は，ある著作物の全部を利用することそれ自体は，明確には除外されていない。とはいえ，著作物の全部を複製して利用することは，「当該著作物の種類及び用途並びに当該複製の部数及び当該複製，公衆送信又は伝達の態様に照らし」，著作権者の利益を不当に害する場合が多いと考えられる。したがって，利用できるのは，紙，デジタル等の形式に関係なく，著作物の小部分に限られるのが原則であろう。

　例外として，授業の目的または効果との関係において，客観的にみて，著作物の全体の利用が必要である場合において，著作物の種類や用途に照らして，市販物の売れ行きが低下したり，将来における著作物の潜在的な販路を阻害する可能性が高くないと考えられる場合には，著作物の全体を利用したとしても，著作権者の利益を不当に害しないと解すべきである。全部利用を認めれば，多少は著作権者の利益を害するかもしれないが，著作物の種類や用途を考慮したときに，市販品の売れ行きや将来の潜在的な販路の阻害という点から，その利益を害する程度が低い場合もあるだろうから，その場合には，「著作権者の利益を不当に害する」とまではいえないことが理由である。

　例えば，俳句，短歌，詩等の短文の言語の著作物や，単体で著作物を構成する写真，絵画（イラスト，版画等を含む），彫刻その他の美術の著作物，および地図または学術的な性質を有する図面，図表，模型その他の図形の著作物については，それが授業の過程で利用に供される場面を考慮すると，著作物の全体の利用が必要である場合が多いといえるし，また，一般論として，授業の過程で全体が利用されたとしても，市販物の売れ行きが低下したり，将来における著作物の潜在的な販路を阻害する可能性が高くないともいえる。したがって，全部利用が許される場合があるといえるであろう。

　他方，授業の過程では「言語の著作物」の中でも書籍に掲載された論文や定期刊行物に掲載された論文や記事を利用することが比較的多い。著作物の全体の利用が必要であり，市販物の売れ行きが低下したり，将来における著作物の潜在的な販路を阻害する可能性が高くないために全部利用ができる場合として，どのような場合があるか。

　この点は，それぞれの編集物の分野や内容により，想定する販路や入手の容易性，想定する読者のニーズやそうしたニーズを満たすのに必要な期間が異な

ることから一律の判断は難しい。また，今後の電子書籍の普及等によって，将来的な販路や入手の容易性も変化することも予想される。そのため『運用指針』では，「論文等を全部複製することについては，当面は，①当該論文が市場に流通していないこと，②論文集などの編集物に収録されている他の論文が授業とは関係ないものであること，③定期刊行物に掲載された論文等の場合，発行後相当期間を経過していることといった基準で著作権者等の利益を不当に害しない範囲を判断することが適当」であるという判断基準のみを示しながら，現時点では個別に判断をせざるを得ないとしている。

　なお，定期刊行物に掲載されてから相当期間を経過した論文等であっても，オンライン販売やデータベース等で提供され，著作権料が分配されている例もあることから，発行後相当期間を経過しているという要素は，当該論文が，教育場面での利用を対象としたオンライン販売やデータベースの提供を通して市場で流通していない場合に考慮される補足的要素と捉えるのが妥当であろう。また，同じ著作権でも公衆送信権と複製権とは支分権として異なることから，35条1項の対象となる利用に伴う著作権者の不利益についても，公衆送信を伴う利用とそうでなく複製のみ行う場合とを区別して捉える必要があると思われる。

　上記の①から③の判断基準を踏まえて，『運用指針』では，言語の著作物について「全部を複製又は公衆送信しても著作権者等の利益を不当に害することとはならない可能性が高い例」として，「俳句，短歌，詩等の独立した短文」，「新聞に掲載された記事等」，「雑誌等の定期刊行物で発行後相当期間を経過したものに掲載された記事等」，これらにかかわらず，「論文の著作物であって専門書，論文集等に掲載されたものについては，授業の目的に照らして全文が必要と認められる場合であって，出版物全体に占める当該論文等の分量，当該出版物の流通の状況や当初の出版時に想定された読者かどうか，その出版物が出版後相当期間を経過しているか，入手が容易であるかなどを勘案して，個々の履修者が購入することが必ずしも合理的ではない場合」が示されている。

　なお，『運用指針』では，特に初等中等教育の場面を念頭に，全部を複製等しても著作権者等の利益を不当に害することとはならない可能性が高い例として，授業に必要と認められる限度内であることが前提であることを注記しつつ，

「採択された教科書中の著作物の利用」が示されている。採択された教科書の中には，出版社自身の著作物も存在することから，「個々の作品（文章作品や写真・イラスト等）の他に，発行した出版社等による著作物」を含むこと，また，デジタル教科書の存在も踏まえて，「採択された教科書の代替として使用される学習者用デジタル教科書の契約内の利用についても同様」とされている。なお，採択されていない教科書は，一般の書籍等と同じ扱いであるとされている。

Q31.

授業の過程において公衆送信を行う場合に，受信者の人数に限定はあるか。

A.

クラス単位や授業単位（大学の大講義室での講義をはじめ，クラスの枠を超えて行われる授業においては，当該授業の受講者数）までの利用が認められる。

解説　オンデマンド授業の履修者が数百名を超える大規模な授業で資料を公衆送信する場合，通信教育の教材をオンラインで提供する場合，放送による授業の教材をオンラインで提供する場合などが考えられる。公衆送信の態様として多数の学習者がいる場合，著作権者の利益を不当に害することになるであろうか。

　この点に関しては，様々な議論があるなかで，「著作物の教育利用に関する関係者フォーラム」における関係者間の協議の結果，「授業の性質によって指導スタイルは多様であり，履修登録者数も時期によって増減があるため，人数の基準を数値で示すことは困難」であるが，「一般的には，少人数の規模でも多人数の規模でも，その授業のクラスサイズの単位を超えているかどうかで判断」されるとする合意形成がなされている（『運用指針』→ p. 057）。したがって，

この『運用指針』によれば，公衆送信がクラス単位や授業単位で行われる範囲では，著作権者の利益を不当に害するとはいえないと考えられる。

　他方で，公共放送として授業を公衆送信したり，大規模公開オンライン講座（MOOC：Massive Open Online Course）として，オンラインで誰でも無償で利用できるコースを提供するサービスにおいて著作物を提供する場合，公衆送信の態様として，教育機関において授業を受ける者以外の多くの者が受信しうる状態となるため，「その授業の過程における利用を目的」としない範囲で公衆送信がなされることになり，35条は適用されない。また，仮に授業を受ける者を限定し，その者だけがオンライン講座にアクセスできるようにしたとしても，大規模に行われるとすれば，複製の部数や公衆送信の態様に照らして，著作権者の利益を不当に害する場合に該当する。ただし，学校その他の教育機関が主催する公開講座についても「授業」に該当しうる場合があることについては，前述の通りである。

Q32.

複製や公衆送信の態様が市販の商品や既存のサービスと競合するような方法で行われる場合，著作権者の利益を不当に害することになるか。

A.

　市販の商品や既存のサービスと競合するような場面として，編集するなどして市販の形態に類似したものを製本して複製したり，それを公衆送信すること，鑑賞的な要素も持つ美術，写真を公衆送信等すること，権利者から教育機関向けに著作物配信サービスやライセンススキームが提供されている場合などが考えられる。このような場面では，著作権者の利益を不当に害する可能性が高いといえる。

解説　編集するなどして市販の形態に類似したものを製本して複製したり，それを公衆送信することは，市販物の売れ行きを低下させたり，将来

における著作物の潜在的な販路を阻害する可能性がある。また，教材として，鑑賞的な要素も持つ美術，写真を公衆送信する場合，複製や公衆送信の態様によっては，観賞できる品質（高解像度）で提供されることが，市販物の売れ行きを低下させたり，将来における著作物の潜在的な販路を阻害する可能性がある。いずれの場合についても，著作権者の利益を不当に害する場合があるため，法的リスクを回避したい場合には，個別に権利者の許諾の要否を確認することが望ましい。

　著作権者から教育機関向けに著作物の配信サービスやライセンススキームが提供されている場合について，「文化審議会著作権分科会報告書」では，「権利者の保護すべき利益への配慮の方法としては，……補償金請求権に加えて，当該ただし書の柔軟な解釈において妥当な結果が導かれることにより，これ〔利益への配慮〕を行うこととすることが適当である」との判断が示されている[26]。

　平成 30 年改正法では，異時授業公衆送信等に補償金請求権を付与したので，著作権者の保護されるべき利益について一定の配慮がなされるのは事実である。しかし，既に著作権者から教育機関向けに著作物の配信サービスやライセンススキームが提供されている場合，当該配信サービス等に代替するような態様で公衆送信がなされれば，将来の当該サービスの契約販路拡大を阻害する可能性もあるため，著作権者の利益を不当に害する場合があるだろう。

---

[26]　前掲注 22・88 頁。

Q33.

大学の教員が，大学が機関としてデータベース提供会社との間で契約し，学内のサイトから利用可能な状態となっている電子データベースにアクセスして，授業に関連する資料をダウンロードして保存したうえで，オンライン授業で利用するために LMS にアップロードすることは，著作権者の許諾なくできるか。

A.

著作権者の利益を不当に害する利用態様でなければ，著作権者の許諾を得なくても利用できる場合があると考えられるが，他方で，契約の問題もあるので，データベースの利用条件を確認する必要がある。

解説　著作物レンタルや，デジタルサービス（デジタル教材，データベース，ワークシート，フォトサービス等），コンテンツ配信契約，有料放送，有料音楽配信等のうち，教育利用であるか否かにかかわらず，複製，公衆送信して利用することを禁止することを定める契約を，それぞれのサービスを提供する者との間で締結している場合がある。こうしたサービスの提供を受ける契約については，本問のように教育機関が契約の主体である場合もあれば，教員や学生が個人として契約していることもある。それぞれについて，35条のような著作権法の権利制限規定の適用を制約する契約条項がどこまで有効なのかという問題がある（「オーバーライド条項」の問題と呼ばれる）。こうした契約により入手した著作物を利用することは，権利者団体と教育機関が協議をしている問題であり，その扱いについて結論が出ていない（『運用指針』）。契約違反になるだけでなく，著作権者の利益を不当に害すると評価されて，違法になる可能性もあるので，現状では，契約による制限の条件が不明確である場合には，法的リスクを回避するうえで，契約の相手方であるサービスの提供者に対して確認を取ることが妥当である。当面の間は権利者と教育機関側が今後検討するとした合意を尊重することが妥当であろう。

例えば，教育機関がデータベース提供会社と契約して図書館などにおいて導入しているデータベースがある場合に，データベースからダウンロードした資料に「無断複製転載を禁じます」などの記載がある場合には，授業の過程での利用まで禁止する契約条件になっているのかを確認し，不明な場合には，データベース提供会社に確認することが望ましい。他方で，利用条件に何も明記されていなければ，配信サービス等に代替するような態様で公衆送信を行うのでない限り，授業目的での利用は35条の範囲内で許容されるであろう。

利用条件の内容が確認できない場合，教員がダウンロードしたこれらの資料をLMSにアップロードして学生に利用させることは避けて，学生にも直接データベースにアクセスをさせて利用させるなど，契約条件に沿う形で利用するのが妥当である。

Q34.

教員が授業のたびに，授業に関連する資料として，同一の新聞・雑誌などのコラム，連載記事を，LMSを通して継続的に公衆送信することは，著作権者の許諾なく行えるか。

A.

著作権者の利益を不当に害するので，著作権者の許諾が必要である。

解説　新聞や雑誌などのコラムの全体を単発的に授業で利用したとしても，著作物の種類や用途に照らして，市販物の売れ行きが低下したり，将来における著作物の潜在的な販路を阻害する可能性が高くないため，著作権者の利益を不当に害しないといえる。しかし，授業のたびに，同一の新聞・雑誌などのコラム，連載記事を継続的に公衆送信し，結果として大部分を公衆送信する場面では，教育を受ける者の側で，新聞・雑誌を購読する必要性がなくなり売れ行きの低下等の可能性も生じてくる。著作権者の利益を不当に害する可能性が高いといえるため，許諾を受けて利用する必要があるだろう。

Q35.

映画やレコードを，授業の過程で利用するために公衆送信することはできるか。コピーガードやアクセスガードがある場合はどうか。

教員が電子書籍サービスを利用している場合，授業の過程で利用する部分について，スクリーンショットにより画面を複製し，授業を受ける学生に公衆送信する場合はどうか。

A.

可能である。授業目的で公衆送信できる著作物に限定はなく，さらに著作隣接権の対象物も含まれる。ただし，コピーガードやアクセスガードがかけられたコンテンツの利用については，注意を要する。コピーガードやアクセスガードを回避しない場合でも，著作権者の利益を不当に害するものであるか否か，そして，利用契約が締結されている場合には，その契約条件についても確認する必要がある。

解説　授業目的で公衆送信できる著作物に限定はないので，言語の著作物のように授業で用いる典型的な著作物だけでなく，**映画や音楽といった著作物も35条の権利制限の対象となる**。また，音楽を利用する場合，作詞や作曲のような音楽の著作物のほか，レコード（音源）や実演といった著作隣接権の対象物も用いることになろう。35条は，こうした著作隣接権の対象物にも適用される（102条１項）。

教育機関の授業担当者が，映画やレコードを公衆送信する場合，必要と認められる限度で使用する必要があるので，単なる娯楽目的や純粋な観賞目的で，視聴させることはできない（例えば，オンライン授業でのBGMとして利用するなど）。映画やレコードは鑑賞の要素が高いので，この点は注意を要する。他方で，児童生徒とのオンラインでの歌の練習や，大学で音楽の心理的効果を講じるためにオンライン授業でレコードを公衆送信する場合など，娯楽や観賞の要素と学習の要素が混在する場合も想定されるが，その場合には，必要と認めら

れる限度での利用といいうるであろう。

　問題は，著作権者の利益を不当に害しないかどうかである。授業の過程において，複製または公衆送信，公の伝達によって，映画作品やレコードを全部利用することは，市販物の売れ行きが低下したり，将来における著作物の潜在的な販路を阻害する可能性が高いので，認められない。したがって，レコードに収録された著作物の全部を複製して配布したり，LMSにアップロードして，履修生がダウンロード可能な状態にしたり，オンライン授業の中で映画作品の全部を公衆送信しながら，解説をするとか，事前学習として映画を1本全部見せるために1本全て（あるいは大部分を）サーバーにアップするなどの利用は，必要な権利者からの許諾を得なければ認められない。

　他方で，小部分の利用，例えば，学習に必要なワンシーンや数小節の音源の部分であれば，権利者の利益を不当に害することはないといえる。例えば，コピーガードがかけられていないCDに収録されている作品の小部分を利用するといったことは問題ないであろう。

　コピーガードやアクセスガードがかけられたコンテンツの複製または公衆送信については，『運用指針』において今後の検討課題とされている部分であり，著作権者の利益を不当に害するかどうかの判断が微妙な問題が残されている[27]。コピーガードやアクセスガードを回避しないで授業の過程で利用する方法，例えば，モニターにDVDの動画の小部分を出力したうえで，モニターの前で教員が必要な解説を行ったものを収録し，それをオンライン授業で配信するといった方法や，電子書籍サービスで入手した電子書籍についてスクリーンショットにより複製するといった方法もありうると思われるが，この場合でも利用態様として著作権者の利益を不当に害することは認められない。

　また，映画やレコードあるいは電子書籍がオンラインの配信サービスで提供されている場合には，利用者とサービス提供者との間で利用契約が締結されている場合が多いが，この場合にはその利用条件についても確認をする必要があ

---

[27]　35条の場合には30条の私的複製の権利制限と異なり，コピーガードやアクセスガード等の技術的保護手段を回避して利用することが条文上，明示的には禁止されていないが，これらの技術的保護手段を回避した利用が，利用態様として著作権者の利益を不当に害することは認められない。

る（オーバーライド問題について→ p.068 参照）。

　なお，小部分がどのくらいかについて，定量的な基準はない。利用する側としては，具体的な利用場面において，このような利用をすれば市販物の売れ行きが低下したり将来における著作物の潜在的な販路を阻害すると考えられる場合，あるいは権利者の側が教育機関に向けて提供している流通ルートがあるにもかかわらずあえて迂回して利用するような場合には，著作権者の利益を不当に害する可能性があると想定することが，法的リスクの回避という点から望ましい。

Q36.

　　動画共有サイトにおいて違法にアップロードされている動画や音楽コンテンツを授業の過程で利用することは，適法に行うことができるか。
　このようなサイトのリンク情報（URL アドレス）を紹介することはどうか。

A.

　　インターネット上に違法にアップロードされているコンテンツを利用することは，著作権者の利益を不当に害すると評価されて，違法になる可能性もあるので，回避することが望ましい。
　リンクのみの提供は，原則として適法であるが，著作権者の許諾を得られていないと思われるコンテンツを紹介する場合には，教育モラルに対する配慮も必要である。

解説　動画共有サイトに違法にアップロードされている動画を特殊なアプリを利用してダウンロードして利用したりすることは，「当該複製，公衆送信又は伝達の態様」に照らして「著作権者の利益を不当に害することとなる場合」（35条）に該当しえないとはいえない。例えば，教員が違法にアップロードされている動画をダウンロードして，その小部分を LMS にアップロー

ドして学生に利用させることは，その態様に照らすと，必ずしも著作権者の利益を不当に害しないとはいえないのではなかろうか。ただし，32条の引用の要件を満たす範囲では，引用としては許容される場合もあると考えられる（→ p. 180 参照）。

　複製が介在しなくても，例えば Zoom などのアプリを用いて，違法にアップロードされた動画を上映しながらリアルタイム型のオンライン授業を行うような場合，公衆送信の態様に照らすと，著作権者の利益を不当に害すると評価される可能性があるだろう。仮にこれらの場合において 35 条に該当することで著作権侵害にならない場合があるとしても，違法にアップロードされた著作物を利用することは，教育モラルの観点から学生や生徒に悪影響を与えないように，最大限の注意が払われるべきである。

　違法動画のリンクを提供する行為は，基本的に著作権（支分権）の侵害を構成しないし，いわゆるリーチサイトを運営したり，リーチサイトにリンクを提供したりするような場合を除いて，著作権侵害とみなされることもないので（113条2項・3項参照），適法に行うことができる。授業において紹介する必要のある過去の貴重な映像資料が，著作権者の許諾を得られていないと考えられる状況のもとで動画共有サイトにアップロードされている場合に，その動画が他の配信サービス等では提供されていないのであれば，当該動画共有サイトの動画の URL アドレスを提供する程度のことは，教育モラルの点からも許容される余地は十分にあるだろう。

　他方で，違法にアップロードされている動画共有サイトの動画の URL を引用して学生や生徒に紹介することが，教育モラルの観点から推奨できない場合も多いであろう。可能な限り，適法なサイトの URL を紹介するようにすることが望ましく，著作権者の許諾が得られていないか，黙認もされていないと考えられるサイトの URL の紹介は，必要最小限に止めることが望ましい。

Q37.

教員が授業に関連する放送番組（テレビやラジオ）を録画・録音し，授業に関連する該当部分を LMS にアップロードして学生に公衆送信することはできるか。

A.

可能である。ただし，有料放送の受信契約等において二次的な利用を禁止する定めがある場合には注意が必要である。

解説　地上波デジタル放送や地上デジタル音声放送で放送される放送番組について，それを複製し，公衆送信して利用することも，授業の過程で必要な範囲であれば，102 条の準用する 35 条の適用により，放送番組の著作権（複製権，公衆送信権），放送事業者の著作隣接権（複製権）の侵害にはならないと考えられる。この場合，ある特定の番組で実際に授業に関連する部分だけを録画・録音することは難しいので，授業の準備段階では番組全体の録音・録画も授業の過程で必要な複製と考えられるが，実際の授業で学生に公衆送信するためにアップロードできるのは，授業の内容との関係で必要な部分に限定される。

　なお，教員個人が締結している有料放送の受信契約やビデオ配信サービスの利用契約において，教育利用であるか否かにかかわらず，複製，公衆送信して利用することが禁止されていることを定める契約条項がある場合には注意が必要である。この事項については『運用指針』においても今後の検討課題とされている。したがって，明確な指針が示されるまでは，そうした受信契約や利用契約に基づいて入手した放送番組等のコンテンツを利用することは，法的リスクを回避するうえで，契約の相手方であるサービス提供者に対して確認を得ることが妥当である。

Q38.

冊子版のイラスト・画像集において「複製，無断使用禁止」と記載
されている場合や，インターネットで公開されているイラスト・画像に
ついて同様の記載がある場合，授業においてその利用が必要な場合に，
許諾を得なくても利用することができるか。

A.

書籍やウェブサイト上のいずれかの場所に「複製，無断使用禁止」
という一方的な宣言が記載されていたとしても，利用契約が成立してい
ると評価される可能性は低く，契約上の利用制限を受けることはないの
で，35 条の要件を満たす範囲では許諾を得なくても利用が可能である。
ただし，インターネットで公開されているイラストや画像であったとし
ても，複製等の部数や態様によっては，著作権者の利益を不当に害する
こととなる場合もあるので注意を要する。

解説　著作権者と利用者との著作物利用契約によって，35 条によって許容
されている行為について禁じる内容の定めをしても，その契約条項自
体は必ずしも無効とはならないが（契約によるオーバーライド），書籍やウェブサ
イト上のいずれかの場所に「複製，無断使用禁止」という一方的な宣言が記載
されていたとしても，利用契約が成立していると評価される可能性は低く，契
約上の利用制限を受けることはない。一般的に，「ウェブサイト中の目立たな
い場所にサイト利用規約が掲載されているだけで，ウェブサイトの利用につき
サイト利用規約への同意クリックも要求されていない場合」には，契約関係が
成立しているとはいえないと考えられている[28]。

　しかしながら，冊子版のイラスト・画像集だけでなく，インターネットで公
開されているイラストや画像の場合であっても，無制限で利用できるわけでは

---

[28]　経済産業省「電子商取引及び情報財取引等に関する準則」（2020 年）39 頁。

なく，複製等の部数や態様によっては，著作権者の利益を不当に害することとなる場合もあるので注意を要する。

2　義務等

(1)　補償金支払義務

Q39.

授業目的公衆送信を行う場合，授業を担当する教員個人が授業目的公衆送信補償金（以下,「補償金」とする）の支払いをするのか。各教育機関の判断として，個別に著作物の利用契約を行うことで，補償金を支払わずに個別の契約による対価のみを支払うことができるか。

A.

補償金の支払主体は教育機関の設置者である。各教育機関において補償金支払義務の対象となる公衆送信を一切行わないのであれば，補償金を支払う義務は発生しないが，個別の契約を結んだ場合であっても，35条1項の対象となる授業目的公衆送信を伴う場合には，当該契約による対価の支払いとは別に，補償金を支払う義務は発生する。

解説　著作権法上，補償金の支払主体は教育機関の設置者とされている（35条2項）。実際の支払いにあたり財源をどのように確保するかを法律上拘束することを意味しておらず，財源確保の方法は各設置者の自主的な判断に委ねられている[*29]。

補償金支払義務の対象となる公衆送信を行うことは法律上の義務ではないため，各教育機関において補償金支払義務の対象となる公衆送信を一切行わない

[*29]　第196回国会参議院文教科学委員会会議録第9号（平成30年5月17日）〔中岡司政府参考人（文化庁次長）〕。

のであれば，補償金を支払う義務は発生しない。

　また　35条1項の対象となる行為を対象とする契約については，権利制限の対象となる行為であるために，許諾権としての著作権に基づく許諾契約とはいえないが，契約自由の原則からすると，そうした契約は必ずしも無効にはならない。著作権が及ばない行為を対象として契約を行うことは当事者の自由である。したがって，たとえば，教育目的での利用も伴う雑誌のデータベースの利用契約を締結する場合のように，35条1項の要件を満たす公衆送信を伴う利用について，個別に締結した契約に基づく使用料を支払って利用することも可能である[*30]。当該契約による対価は，35条1項の要件を満たす公衆送信が行われる部分に限っていえば，権利制限の対象である以上，許諾権としての著作権への対価ではないので，こうした契約があるからといって，許諾権を制限するために付与されている補償金請求権が直ちに消滅することにもならない。したがって，個別の契約を結んだ場合であっても，35条1項の対象となる授業目的公衆送信を伴う場合には，当該契約による対価の支払いとは別に，補償金を支払う義務は発生する。

　なお，35条1項の対象となる行為について，個別に契約をする著作物のみを主に利用している場合，補償金の年間包括料金の支払いではなく，公衆送信を行う都度支払う制度を利用する方が著作物の利用を円滑かつ安価に行える場合もあるかもしれない。しかし，そもそも年間包括料金がかなり低廉であるため，そうした都度支払いに要する手続のコストを考えた場合，非常に例外的な場合に限られるであろう。

---

*30　前掲注29において，中岡司政府参考人は，補償金制度の枠ではなく，教育現場の判断で個別に権利処理できるかとの質問に対して，「補償金制度を利用するか否かは教育現場の判断に委ねられる」が，「例えば，既に個別に契約をして著作の利用をしている，それが非常に慣れているというようなケースもあると思いますので，そうしたことを行うことは改正後も引き続き排除されないと考えて」いるとの回答をしている。

Q40.

教育機関の設置者は，補償金を個別の権利者に支払う必要があるか。個別の権利者は補償金を受ける権利を自ら行使できるか。

A.

教育機関の設置者が個別の権利者に補償金を支払う必要はない。個別の権利者は補償金を受ける権利を自ら行使できない。この権利は一般社団法人「授業目的公衆送信補償金等管理協会」（略称：SARTRAS）のみが行使できる。教育機関の設置者は SARTRAS に対して補償金を支払う。

解説　授業目的公衆送信補償金制度のもとでは，権利制限により，ワンストップの窓口に一定の補償金を支払えば著作物を適法に利用可能となっている。教育機関の設置者は，個別の権利者に支払う必要はなく，個別の権利者は補償金を受ける権利を自ら行使できない。この権利は文化庁長官が指定する指定管理団体である SARTRAS のみが行使できる。教育機関の設置者は SARTRAS に対して補償金を支払う。

　具体的には，**教育機関を設置する者が**，文化庁長官が指定する補償金徴収分配団体である**SARTRAS に対して**，**相当な額の補償金**（例えば年1回の支払いで，生徒一人当たり〇円〔包括制〕といったもの）**を支払うことにより**，**学校等の授業の過程で著作物の公衆送信を行う際の著作権処理が完了する**ことになる。権利者に相談なく自由に利用可能であること，また，簡便な手続でなされることに特徴がある。

　補償金額については，SARTRASが教育関係者からの意見聴取を経て申請し，文化庁長官が文化審議会に諮ったうえで認可する（104条の13）。具体的には，①文化庁長官が指定する指定管理団体が，教育機関の設置者の代表団体から意見聴取を行う，次に，②指定管理団体は，補償金額を定め，文化庁長官へ認可の申請を行う。③文化庁長官は，文化審議会へ諮問のうえ，④幾つかの要素

（35 条の趣旨〔非営利教育機関における著作物の利用円滑化〕，公衆送信の通常の使用料の額，その他の事情）に照らして適正な額と認める場合に認可する。徴収した補償金は，SARTRAS から，権利者側へと分配される。

なお，2020 年度に限っては，新型コロナウイルスの感染拡大の影響で，教育機関で遠隔授業の需要が急速に増大している事態に対応するため，緊急的かつ特例的な措置として補償金の額は無償とされた。2021 年 4 月 1 日以降については，SARTRAS の申請に基づいて，文化庁長官が文化審議会からの答申を踏まえて有償の補償金額を認可している。具体的には，「授業目的公衆送信の回数に関わらず支払う補償金の額」について，学校種別毎の 1 人当たりの補償金額（年額）として，大学 720 円，高校 420 円，中学校 180 円，小学校 120 円，幼稚園 60 円を認可している（一部。その他の学校種別の補償金額は『授業目的公衆送信補償金規程』参照）。なお，年度ごとの補償金とは別に個別の都度補償金（1 回・1 人当たり 10 円。前期・後期毎に事後届出，補償金の適正な請求・分配に資する情報の提出が必要）の支払いの仕組みや，特別な事情がある場合の減額制度なども用意されている。

(2) 出所明示義務

Q41.
35 条の適用を受けて著作物の利用ができる場合，出典を明示する必要があるか。

A.
出典を明示する必要があるが，出典を明示する慣行がある場合に限る。

解説　35 条の規定によって著作物を利用する場合，出所明示義務（48 条 1 項3 号）があるため，著作物の出所を，その複製または利用の態様に応じ合理的と認められる方法および程度により，明示しなければならない。ただ

し，明示が義務となるのは「その出所を明示する慣行があるとき」に限られる。出所を明示する慣行があるときとは，実情に即して，社会的にそのような出所の明示をすることが通常であるような場合である[31]。例えば，大学の講義の教材に関していえば，教員や学生からなる社会において，教育内容の客観性を担保することが求められているはずであるから，実情に鑑みても出所の明示をすることが通常であると考えられるので，多くの場合において出所を明示する慣行があるといえる。

　出所を明示しなければならない場合，著作物につき表示されている著作者名を示さなければならない。もっとも，例えば『夏目漱石全集』といったように，出所の明示に伴い著作者名が明らかになる場合や，当該著作物が無名のものである場合は除かれる。

（3）　同一性保持権

Q42.

35条の適用を受けて適法に複製や公衆送信ができる場合，その利用に伴って表現の改変まで行うことも適法となるか。

A.

35条の適用を受けて著作権が制限される場合でも，意に反する改変行為を行えば，同一性保持権の侵害となる。ただし，やむをえない改変として許される場合もある。

解説　35条1項の適用を受けて著作物を利用することができる場合，翻訳，編曲，変形または翻案の方法による利用を行うことができる（47条の6第1項1号）。したがって，著作物を元のままで複製し，公衆送信する場合だけでなく，翻訳，編曲，変形または翻案がなされることで，その著作物の具体

---

[31]　逐条384頁。

的表現に修正，増減，変更等を加えた形で利用されることも許容されている。

　著作者に与えられる権利には著作権のほかに，著作者人格権がある。著作者は，著作者人格権の1つである同一性保持権として「その著作物及びその題号の同一性を保持する権利を有し，その意に反してこれらの変更，切除その他の改変を受けない」権利を有している（20条）。同一性保持権は著作者人格権の1つであるが，著作権の制限に関する規定は，「著作者人格権に影響を及ぼすものと解釈してはならない」（50条）とされているので，**35条の適用を受けて著作権が制限される場合でも，翻訳，編曲，変形または翻案に伴って意に反する改変行為が行われれば，複製権および公衆送信権の侵害が成立しない場合でも，同一性保持権（20条）の侵害は成立する可能性がある。**

　しかし，作品に対する全ての変更について同一性保持権の侵害が成立するわけではなく，著作者の意に反する性格の改変であることが，侵害の要件となる。したがって，翻訳，編曲，翻案等に伴う**必然的で避けることができない表現の変更については，同一性保持権の問題は生じない。**具体的には著作物の内面形式（ストーリー性，基本的モチーフ，構成などの著作物のエッセンス）にわたる変更が翻訳，編曲，翻案等に伴ってなされる場合，同一性保持権の侵害の問題が生じるが，著作物の外面形式（具体的文章表現，具体的旋律，個々の細部表現）にわたる変更が翻訳，編曲，翻案等に伴ってなされても，同一性保持権の問題は生じない[*32]。

　また，**著作物の性質ならびにその利用の目的および態様に照らしやむをえないと認められる改変は許される**（20条2項4号）。35条との関係でいえば，複製や公衆送信の技術的な手段によってやむをえない場合がこれに該当する。例えば，教材として色刷りの出版物を複製して配布する場合に，印刷技術の都合で，元の作品の色彩が十分にでないような場合には，やむをえないと認められる改変に当たる。また，授業の目的で公衆送信をする際に，LMSの通信環境の制限や安定的な受信を確保するという観点から，著作物である作品（画像や動画）の解像度を低下させて送信する場合も，やむをえないと認められる改変に当たる。もっとも，このような場合は，著作者が，その作品の色彩や解像度

[*32]　逐条176頁。

は作品の本質に関わるとして，それを変更することは意に反することを明確に示しているような場合を除いて，そもそも意に反する性格の改変ではないといえる場合も多いといえる。

第2節　試験目的の利用（36条）

Q43.

　国語の授業を担当する教員が教科書に掲載されている小説の文章を用いた定期テストを作成し，生徒の人数分複製して利用する場合，著作権者の許諾が必要か。

A.

　定期テストは，一般的に「人の学識技能に関する試験」と考えられているため，36条1項に該当するほか，授業を担当する教員が複製して利用する場合，35条1項により著作権者の許諾なしで利用できる。なお，初等中等教育における国語の科目のように，学力評価の試験の対象となる単元の教科書に掲載されている文章（著作物）の一部が，定期テストにそのまま利用されることが当然に予測されるような場合には，35条1項の適用はあるものの，36条の適用がない場合もあるので，注意を要する。

解説　授業を担当する教員の場合には，35条1項の適用により，自ら担当する授業の過程において実施する各種のテストを行ううえで，**診断的評価用テスト**（レベル別のクラス分けテストなど），**形成的評価用テスト**（学習状況を管理し，改善するために行われる，小テストや小単元のまとめテストなど），**総括的評価用テスト**（学習目標の達成度を評価するテストで，定期テスト〔中間・期末〕や実力テストなど）を作成するために，著作権者の許諾を得なくても，公表著作

物を複製することができる。

　当該授業を担当していない教員が作成する場合，35条1項の適用がない。しかし，公表された著作物は，「入学試験その他人の学識技能に関する試験又は検定」の目的上必要と認められる限度において，当該試験または検定の問題として複製，または公衆送信することができる（36条1項）。36条1項の場合，35条と異なり，複製等をなしうる主体は限定されていないので，授業を担当していない教員が複製等することも可能である。ただし，当該著作物の種類および用途ならびに当該公衆送信の態様に照らし著作権者の利益を不当に害することとなる場合には，認められない。

　学校教育関係では様々なテストが行われるが，それらのうち何が「人の学識技能に関する試験又は検定」に該当するのだろうか。

　36条1項の趣旨は，入学試験などの人の学識技能に関する試験・検定を実施する場合には，その問題の内容を秘匿する必要があり，事前に著作権者の許諾を得ることが困難であること，試験問題として著作物を利用する行為は，通常，著作権者による著作物の利用に影響を与えるものではないことによる（〔国語テスト事件①〕[*33] 参照）。

　まず，学力調査（全国学力・学習状況調査，PISA調査，TIMSS調査など）や選抜選考試験（入学試験など）は，問題の内容を秘匿する必要性が高く，事前に著作権者の許諾を得ることが困難であるため，同条の「人の学識技能に関する試験又は検定」に該当する。

　また，出題される文章の範囲が限定されていない「実力テスト」の場合，問題の内容の秘匿性が要求され，事前に許諾を得ることが困難な試験であるといえるので，36条1項が適用される「人の学識技能に関する試験」に該当するであろう。こうした実力テストの作成を外部委託する場合については，→ p.152 参照。

　他方で，診断的評価用テストや形成的評価用テストは，秘匿性は低いため，原則として36条1項の適用が認められないと考えられる。これらの場合，教育を担任する者が作成するなど35条1項の要件を満たせば，その適用により

[*33]　東京地判平成15年3月28日判時1834号95頁。

許容される場合がある。

これに対して，総括的評価用テストである定期テスト（中間・期末）については，36条1項に該当しうると考えられている*34。もっとも，裁判例のなかには，「学校内での中間試験，期末試験や予備校等が行う模擬試験等に同項所定の『試験又は検定の問題』に当たるものがあるとしても，それは，……同条の趣旨からすると，試験又は検定の公正な実施のために，その問題としていかなる著作物を利用するかということ自体を秘密にする必要性があり，そのために当該著作物の複製についてあらかじめ著作権者から許諾を受けることが困難であるものに限られるというべきである」〔国語テスト事件②*35〕と述べるものがある。

したがって例えば，定期試験であっても，初等中等教育における国語の科目のように，学力評価の試験の対象となる単元の教科書に掲載されている文章（著作物）の一部が，定期テストにそのまま利用されることが当然に予測されるような場合には，36条の適用はないと解される。特に，教科書に掲載された著作物を含んだ問題の作成を外部の教材業者に委託したり，外部の教材業者がそのためのテストを作成するときには，（35条1項の適用も認められないので）著作権者の許諾を得て行う必要がある。

36条1項が適用できない場合でも，授業の過程における試験実施として35条1項の要件を満たせば，同条の適用により許容されるので，授業を担当する教員が他人の著作物を含むその試験問題を複製等する限り，大きな問題は生じない。なお，「教員等の指示を受けて，事務職員等の教育支援者及び補助者らが，学校内の設備を用いるなど学校の管理が及ぶ形で複製や公衆送信を行う場合は，教員等の行為とする」とされている（『運用指針』）。

---

*34　逐条287頁。
*35　東京地判平成18年3月31日判タ1274号255頁。

第3章

学生・生徒による
著作物利用と著作権

　教育機関における著作物の利用の中心は「授業」といえるであろうが，教職員・生徒・学生が著作物を利用する局面はそれだけに限られない。本章では，「授業」以外の利用についての考え方を説明する。後述するように，授業以外の利用であっても学生・生徒の利用にかかる問題が発生すると監督責任者（とりわけ教育機関）の責任が問われることになるので，注意が必要である。

　具体的に生徒・学生にどのように指導するかについては第6章（学生・生徒への著作権教育）をあわせて読んで欲しい。

〈山神清和〉

以下では，「授業」の定義を説明したうえで，「授業」以外の利用において選択できる2つのオプションとして制限規定の活用（第3節）と利用許諾（第4節）を中心に解説し，最後に教育機関が注意すべき点についてまとめる（第5節）。

第1節　授業とは何か

1　概要

通常の授業における学生・生徒による利用については第2章の35条の記載に譲る。

しかし，授業以外ではあるが，教育の一環として，もしくは教育と密接に関連する活動において，学生・生徒が他人の著作物を利用する局面は多々ある。そこで，教育と密接に関連する生徒・学生の活動が，35条にいう「授業」に該当するのかをまず検討する。

2　部活動は授業か

Q44.

小学校の合唱クラブの生徒たちが，合唱コンクールに出場するための練習を予定している。練習にあたっては，課題曲の楽譜が参加者分必要なので，それを教師がコピーして配布する。このような合唱クラブの練習は35条にいう授業に該当するか。

該当する。

解説　大学にも小中高校にも**クラブ活動**（ないしは部活動）[*1]と呼ばれるものが存在するが，その教育上の位置づけは異なり，**大学ではあくまで授業外の活動であり，小中高校は授業ないしはこれと極めて密接に関係し，学校教育の一環である**とされる。

　例えば小学校向けの学習指導要領では特別活動と呼ばれるものが想定されており，その目標は，「集団や社会の形成者としての見方・考え方を働かせ，様々な集団活動に自主的，実践的に取り組み，互いのよさや可能性を発揮しながら集団や自己の生活上の課題を解決することを通して」[*2]集団・社会生活において必要とされる資質・能力を育成することとされる。小学校におけるクラブ活動は，この特別活動の 1 つであり，その目標は「異年齢の児童同士で協力し，共通の興味・関心を追求する集団活動の計画を立てて運営することに自主的，実践的に取り組むことを通して，個性の伸長を図りながら，第 1 の目標に掲げる資質・能力を育成することを目指す」とされているのである[*3]。

　そして，中学・高校の学習指導要領によれば，学校運営上の留意事項として「生徒の自主的，自発的な参加により行われる部活動については，スポーツや文化，科学等に親しませ，学習意欲の向上や責任感，連帯感の涵養等，学校教育が目指す資質・能力の育成に資するものであり，学校教育の一環として，教育課程との関連が図られるよう留意すること」と指摘されている[*4]。つまり，部活動は教育課程外の活動ではあるものの，教育課程との一貫性が求められている。

　一方，大学教育における部活動の位置づけは，学生の自主的，自発的な参加による活動であり，教育効果を想定はしているもののあくまで教育課程外の活動であり，高校におけるものより，自主性，自発性の程度が高いものと考えられている。

---

*1　クラブ活動と部活動の差異は分かりにくいが，樽木靖夫＝木村昭雄＝髙田麻美「学校現場におけるクラブ活動および部活動の課題と対応」千葉大学教育学部研究紀要 66 巻 1 号（2017 年）27〜34 頁の記述を頼りに理解するならば，クラブ活動は教育課程内の活動であり全員参加，部活動は教育課程外の活動であり，任意参加である。
*2　小学校学習指導要領（平成 29 年告示）183 頁。
*3　小学校学習指導要領（平成 29 年告示）186 頁。
*4　中学校学習指導要領（平成 29 年告示）27 頁，高等学校学習指導要領（平成 30 年告示）31 頁。

　なお，『運用指針』でも「授業」とは「学校その他の教育機関の責任において，その管理下で教育を担任する者が学習者に対して実施する教育活動」であるとされ，授業に該当する具体例として「初等中等教育の特別活動（学級活動・ホームルーム活動，クラブ活動，児童・生徒会活動，学校行事，その他）や部活動，課外補習授業等」が挙げられている。

　そうすると，35条の観点からは，大学での部活動に伴う著作物の利用行為はその適用外ということになる。したがって本章では，大学におけるこのような部活，ないしはサークル活動といわれるものにスポットライトを当てることになるが，初等中等教育における生徒の学校外での活動のうち，一見すると学校教育課程と関連があるように見えて，授業の予習，復習とはいいがたい活動[*5]における著作物の利用をも念頭に置いている。

第2節　想定される「授業」以外の利用形態

1　概要

　著作物の種類は様々であり，「授業」以外での著作物の利用を考えるときその幅は極めて広い。しかしながら，利用者が生徒・学生であるとすればその範囲はある程度絞れるので，以下問題となりそうな利用形態についてまず整理する。

[*5]　『運用指針』では，履修者等による予習，復習は「授業の過程」とされている。

2 依拠と侵害

Q45.

小学校の国語の授業で，俳句を学ぶ時間があり，俳句を作成するためのルールを教師が示した後，20分の時間を取って指定の季語を用いて生徒達に実際に俳句を詠ませたところ，生徒甲と生徒乙の俳句がほぼ同一となった。この場合，甲，乙のいずれが著作権を侵害したことになるのか。

A.

甲，乙のいずれの俳句も独立した著作物として保護され，著作権侵害は成立しない。

解説　著作権を侵害する行為とは，ある著作物に依拠してその著作物に類似する著作物を，著作権者の許諾なく，利用する（支分権に該当する行為を行う）ことである[*6]。支分権とは，著作権を構成する複数の権利の束の1つ1つを指し（→ p. 091），著作者人格権も3つの支分権に分かれる（→ p. 099）。そして，**依拠**とは，著作権法に定義はないものの，2条1項15号の複製の定義における「再製」という文言から導出され「**他人の著作物に接し，それを自己の作品の中に用いること**」である[*7]。これは，〔ワン・レイニー・ナイト・イン・トーキョー事件[*8]〕においても「著作物の複製とは，既存の著作物に依拠し，その内容及び形式を覚知させるに足りるものを再製することをいう」として確認された考え方である。

したがって，既存の著作物と同一性のある作品が作成されても，その**著作物**

---

*6　入門304頁〔上野達弘〕。
*7　中山709頁。
*8　最判昭和53年9月7日民集32巻6号1145頁。

に接する機会がなく，その存在，内容を知らなかった者は，その著作物と同一性のある作品を作成しても，これにより著作権侵害の責任を問われることはないのである。また，既存の著作物の存在を知っていても独自に作成したものであることを証明した場合にも同じ結論となる。

　もっとも，著作物のうちでもプログラムの著作物はやや特殊である。プログラムの著作物は，人間が認識可能な形に表示することはもちろん可能であるが，通常は，デジタル形式のデータでかつ目に見えない電磁的記録として存在するので，プログラムの具体的表現を認識している必要はないことに注意が必要である。この点については，「プログラムの認識の程度は，当該侵害の対象とされているものがプログラムであるとの認識があれば十分であり，さらに付加して個々のプログラムごとにその具体的内容を他のプログラムと識別できる程度に認識していることまでは不要である」とした裁判例〔IBM PC BIOS 事件*9〕がある。

　このように考えると，ほぼ同じ表現であっても，同じ時間帯に各自が独立で俳句を詠んだという事情を考慮すると，甲・乙それぞれが独自に著作物を作成したということになり，どちらがどちらの著作権を侵害するという関係には立たない。このような例はよくあることではないが，理論的にはありうるのであり，特許権と異なり著作権が相対的独占権といわれるのもこのためである。

---

*9　東京地判昭和 63 年 3 月 23 日判時 1284 号 155 頁。

3 著作権[*10]

(1) 上演・演奏・上映

Q46.

著作権法の支分権には，上演権，演奏権，上映権と呼ばれるものが
あるが，これらの違いはどこにあるのか。

A.

22条によれば，著作物を，公に上演する権利が上演権であり，公
に演奏する権利が演奏権である。上演と演奏を合わせたものを実演とい
う。一方，上映権は著作物を公に上映する権利である。

解説　分かりにくい規定が多いが，どの行為がどの権利に関係するかを整理
　　　しておくことが重要であろう。

　上演とは，実演（「著作物を，演劇的に演じ，舞い，演奏し，歌い，口演し，朗詠
し，又はその他の方法により演ずること（これらに類する行為で，著作物を演じないが
芸能的な性質を有するものを含む。）」〔2条1項3号〕）から演奏（歌唱を含む）を除
いたもの（2条1項16号）である。

　上映とは映写幕など物に映写する行為（2条1項17号前段）であり，対象と
なる著作物は，かつては映画のみであった[*11]。しかし，技術の進歩により，
様々な著作物をスクリーンに投影することができるようになった現在では，対
象となる著作物を映画に限定していない[*12]。

　ところで，22条には極めて重要な用語の定義が含まれている。「公に」とは
「公衆に直接見せ又は聞かせることを目的とすること」であり，著作権法では

---

*10　著作権とは，講学上著作者人格権と対比するために著作財産権とも呼ばれるが，ここでは著作
　　権法上の用語に従い記述する。
*11　入門158頁〔島並良〕。
*12　以上入門158頁〔島並良〕，中山315頁。

様々な条文で登場することになる。そして，「公衆」とは2条5項によれば，「特定かつ多数の者を含む」ことに注意すべきである。

また，2条7項によれば，「『上演』，『演奏』又は『口述』には，著作物の上演，演奏又は口述で録音され，又は録画されたものを再生すること（公衆送信又は上映に該当するものを除く。）及び著作物の上演，演奏又は口述を電気通信設備を用いて伝達すること（公衆送信に該当するものを除く。）を含む」とされているので，楽曲を演奏するというのは，一般的には，当該楽曲を，何かしらの楽器を用いて奏でることと理解されようが，それに加えて当該楽曲を録音したものを再生することも含まれることにも注意が必要である。

(2) 公衆送信（23条1項）・公衆伝達（23条2項）

Q47.

学生が，昨日放送されたばかりの人気ドラマを，YouTube 上にアップロードして，不特定多数から閲覧できる状態で公開している。また，YouTube で用いられるアカウントのアイコンには，人気アニメのキャラクターをそのまま縮小して用いている。これらの行為は著作権法上，禁止されるのか。

A.

動画の配信，他人の著作物をアイコンとして利用することも公衆送信であり，著作権法上は許諾なく行うことが，禁止されている。

解説　高校生・大学生はほとんどが YouTube などの動画配信サイトを利用しているはずである。最近では，動画配信をする職業もその収入の高さから注目を浴びている。動画を見るのみならず，動画を配信しようとすると，公衆送信権などが問題となりうる。

公衆送信とは2条1項7号の2によれば「公衆によって直接受信されることを目的として無線通信又は有線電気通信の送信……を行うことをいう」とされ

る。同号括弧書「電気通信設備で，その1の部分の設置の場所が他の部分の設置の場所と同一の構内（その構内が2以上の者の占有に属している場合には，同一の者の占有に属する区域内）にあるものによる送信（プログラムの著作物の送信を除く。）を除く」は非常に分かりにくいが，**いわゆるLAN**（建物が複数の者に専有されている場合は，同一のものが専有する部分のみに敷設されたローカル・エリア・ネットワーク）**内の送信は公衆送信とならない**旨規定するものである。これには例外があり，プログラムの著作物については，LAN内の送信であっても公衆送信となる。一方，学内LANのみに配信されるのであれば，多数のものが受信しえても，公衆送信とはならない。最近のコロナ禍の現状にあっては，あまり想定しづらいが，状況が落ち着いた際に，講義動画を生徒・学生が出校して学内LANで視聴するような形態は，そもそも公衆送信権の問題は生じえない。

公衆送信には，いわゆるテレビ放送，有線テレビジョン放送も含まれる（2条1項8号・9号の2）。また，公衆送信には，自動公衆送信（「公衆送信のうち，公衆からの求めに応じ自動的に行うもの（放送又は有線放送に該当するものを除く。）」〔2条1項9号の4〕）が含まれる。

そして，自動公衆送信の準備段階として，送信可能化（2条1項9号の5）が想定されており，23条によれば，公衆送信のみならず，送信可能化を行う権利が公衆送信権の内容となる（あえて送信可能化のみを切り出し，送信可能化権と呼ぶこともある）。

これらの条文は極めて複雑にかかれているが，YouTubeで生徒・学生が動画を配信する行為は，当該動画をアップロードし（これが送信可能化行為），視聴者がそれを好きなときに再生する（自動公衆送信される）という流れになるのが一般的であり，条文でいえば2条1項9号の5のイ（→ p. 230）に相当することになる。公衆送信権は著作権者の権利であり（23条1項）原則として許諾が必要であることに注意が必要である。

なお，YouTubeなどの動画配信サービスで公衆送信された動画や放送されたテレビ番組をスクリーンやテレビにそのまま映すのは伝達（23条2項）となり，伝達は間に受信装置が入っているために別の項として規定されている[*13]が，実態としてはほとんど変わらない。

近時のコロナ禍においては，Zoom などのテレビ会議システムを使った自主的な勉強会，サークル活動，部活動も多数行われている。これらのテレビ会議システムには，利用者の端末の画面を共有する機能があり，ある利用者が動画を再生し，その画面を共有することは，テレビ会議の参加者が一定数を超えると公衆送信と捉えられるので，注意が必要である（公衆〔の数〕の判断につき，→ p. 117，p. 038 も参照）。

(3)　口述（24条）・展示（25条）

24条は「著作者は，その言語の著作物を公に口述する権利を専有する」と定めるが，ここでいう「口述」とは 2 条 1 項 18 号において「朗読その他の方法により著作物を口頭で伝達すること（実演に該当するものを除く。）をいう」とされているので，言語の著作物の非演劇的利用に限られる。生徒・学生が「授業」以外の課外活動において，口述することはほぼないであろう。小説や詩を演劇サークルが演劇的に利用する場合は，上演権（22条）が問題となる。また，25条によれば「著作者は，その美術の著作物又はまだ発行されていない写真の著作物をこれらの原作品により公に展示する権利を専有する」とあるので，他人の著作物の原作品を公に展示することもあまり考えられない。以上の通りこれら 2 つの権利は，ここで論ずる意味がないので省略する。

(4)　頒布（26条）・譲渡（26条の2）・貸与（26条の3）

課外活動の局面で問題となることはほぼないであろうから，省略する。

(5)　翻訳・翻案（27条）（二次的著作物の作成）

いわゆる同人誌などにおいては「二次創作」と呼ばれる行為が行われることが多い。高校や大学の文化系サークル（特に大学の漫画研究会など）では，完全オリジナルの著作物を作り上げるよりは，既存の漫画をベースにした漫画など，他人の著作物を利用しつつ著作物を創作することが多い。著作権法の用語としては，これらは二次的著作物を作り上げていると評価される。

---

*13　入門 161 頁〔島並良〕。

したがってこれらの「二次創作」と呼ばれる作品に対して，ベースとなった著作物（原著作物）の著作者（原著作者）は「二次創作」を作り上げた者と同一の種類の権利を専有することになる（28条）。

「二次創作」を行った者は，原著作者の同意なくして当該著作物を利用できないことになる。

もとより，〔江差追分事件：上告審〕*14 で判示されたように「言語の著作物の翻案（著作権法 27 条）とは，既存の著作物に依拠し，かつ，その表現上の本質的な特徴の同一性を維持しつつ，具体的表現に修正，増減，変更等を加えて，新たに思想又は感情を創作的に表現することにより，これに接する者が既存の著作物の表現上の本質的な特徴を直接感得することのできる別の著作物を創作する行為をいう」のであるから，「二次創作」と呼ばれていても，具体的表現に修正，増減，変更等を加えて，新たに思想又は感情を創作的に表現していない限り，形を変えた複製行為になる。翻案行為であっても，複製行為であっても原著作者の権利が及ぶことには変わりなく，注意が必要である。

また，いわば原著作物に手を入れるわけであるから，著作者人格権のうち，同一性保持権の侵害が問題となるので，以下→ p. 100 で触れる。

---

*14　最判平成 13 年 6 月 28 日民集 55 巻 4 号 837 頁。

Q48.

　学生Aが，自らのブログに書いた記事において，動画配信サイトで配信されている動画αをインラインリンク（注15参照）で埋め込んで表示させている。ところで，動画αは著作権者以外の者Bが，著作権者Cの許諾を得ることなくアップロードしたものであった。この学生の行為は著作権法上どのような責任を負うか。

A.

　Bが公衆送信権等を侵害していることは間違いないが，Aも公衆送信権を侵害したことによる責任，ないしはBによる公衆送信権侵害を幇助したことによる責任を負う可能性がある。

解説　WWW（World Wide Web）の登場によって，情報通信ネットワークを介した情報共有は格段に進歩した。WWWでは，情報提供者がHTML形式の情報[*15]をサーバーに掲載し，利用者はそれを読み取る。HTMLは本来文章の構造を示す役割を果たすものであり，文章の各要素におけるスタイル（体裁）を示す情報がCSS（Cascading Style Sheets）と呼ばれるものである。HTML形式の情報には，CSSのほか，JavaScriptなどプログラムと同一視できる情報が含まれていることがあり，そのようなページでは，利用者の操作に伴いインタラクティブに表示される内容が変わってくることになる。

　Bが公衆送信権や複製権の侵害を行っていることは間違いないが，動画αに対してAはインラインリンクを張っているので，利用者から見るとAが当該

[*15]　これをハイパーテキストといい，文書中に別の文書への参照情報であるURL（Uniform Resource Locator）を埋め込むことができるようになっており，これをハイパーリンク（hyper-link）という。利用者はハイパーリンクをクリックすることで，インターネット上の様々な文書情報を参照することができる。リンクには，クリックしなくても自動的にリンク先の情報が表示されるインラインリンクと呼ばれるものもある。

ブログを掲載するサーバー上にαをアップロードしているのと同じように見えるものの，実際には，αはBがアップロードした動画配信サイトから送出されている。

　裁判例は，このような場合に公衆送信権侵害を否定する〔ロケットニュース24事件[*16]〕，〔リツイート事件：第一審，同：控訴審[*17]〕，肯定する〔建築CADソフトウェア事件[*18]〕に分かれている。

　また，侵害幇助責任を肯定するものとしては，一連の〔ペンギンパレード事件[*19]〕のほか，否定するものとして，前掲・〔ロケットニュース24事件〕がある。

　動画αが明らかに違法にアップロードされていると判別できるものであれば，公衆送信権侵害やその幇助責任を肯定することも可能であるが，WWWの情報共有に対する貢献を考えると，にわかに違法アップロードと判別しがたいものにたまたまリンクしたとしてもその責任を問うことは望ましくないようにも思われる。生徒・学生への指導を行う立場からはリンク先の情報をよく確認して，分からない場合はリンクしないという安全策を採らざるをえないが，果たしてそれでよいのかは疑問である。

[*16]　大阪地判平成25年6月20日判時2218号112頁。

[*17]　東京地判平成28年9月15日判時2382号41頁，知財高判平成30年4月25日判時2382号24頁。

[*18]　東京地判平成30年1月30日（平成29年（ワ）第31837号）。

[*19]　札幌地判平成30年5月18日（平成28年（ワ）第2097号），札幌地判平成30年6月1日（平成28年（ワ）第2097号），札幌地判平成30年6月15日（平成28年（ワ）第2097号）（いずれも判例集未登載）。

Q49.

学生が，違法にネット上にアップロードされた動画へのリンクを Twitter でシェアしたり，違法に公衆送信されている複数の動画へのリンクをまとめたサイトを運営したりしているようである。アップロード行為自体は，第三者が行っている場合には，著作権法上問題はないと考えてよいか。

A.

令和 2 年の著作権法改正においては，このような行為を禁止するための規定が盛り込まれたので，問題があると考えなくてはならない。

解説　上で述べたように，リンク行為が場合によっては違法とされることがありえたが，逮捕者も出した漫画村の事件やドラマの違法配信先をまとめるいわゆる「リーチサイト」の跋扈は目を覆うばかりでこのような極端な事例について対応すべく，令和 2 年改正が行われた（令和 2 年 10 月 1 日施行）[20]。

　具体的には，①リーチサイト・リーチアプリにおいて侵害コンテンツへのリンクを提供する行為（113 条 2 項・120 条の 2 第 3 号等），②リーチサイト運営行為・リーチアプリ提供行為（113 条 3 項・119 条 2 項 4 号・5 号等）を規制することになっている。

　規制の対象は専ら侵害コンテンツへのリンクが大多数を占める場合を念頭に置いており，一般的な掲示板や SNS などに侵害コンテンツへのリンクが示されていたからといって，直ちにリーチサイトとして認定されるわけではない。

　また，当該リーチサイトが A 社のブログサービスを使っていたとしても，A 社が責任を負うことはない（119 条 2 項 4 号）。

---

[20]　https://www.bunka.go.jp/seisaku/chosakuken/hokaisei/r02_hokaisei/ （2020 年 10 月 7 日最終閲覧）

4　著作者人格権

(1)　公表権

公表権とは「公表するかしないか，またするとしたらいつするか，どのように決定する権利」であるが，生徒・学生が行う課外活動の局面で公表権が問題となることはないであろうから，ここでは省略する。

(2)　氏名表示権

Q50.

学生 A が，ネットで無料公開されている猫の写真 α を，Twitter に当該写真データをアップロードする形で，ツイートした。A は猫の写真の著作者 B の許諾を得ていない。その後，C が A のツイートをリツイートした。α には B の著作権表示が右下に埋め込まれていたが，Twitter の仕様によりツイート，リツイートされたタイムラインに並ぶ段階では自動的なトリミングが行われるため表示されず，具体的に当該画像をクリックして初めて表示されるようになっていた。C の行為は著作者人格権の侵害となるか。

A.

氏名表示権，同一性保持権の侵害が問題となりうる。

解説　氏名表示権（19 条）は著作物に氏名を表示するかしないか，するとしたらどのような名義で表示するかを決定する権利である。氏名は著作者として表示される必要があるし，意図的に元からあった氏名表示を削ることはもちろん侵害となるが，本問のようにシステムの制約上一時的に氏名表示が隠れてしまっている場合に判断が難しい。

リツイートは Twitter のアプリによって自動的に処理が行われる。したがって，C が選べるのは，A のツイートをリツイートするか，しないかだけであり，

どのようにリツイートするかはシステムが自動的に行うものである。

　しかし，Bからすると自らの写真の右下に埋め込んだ著作権表示がトリミングされたまま表示されるのは，αがあたかもAに撮影されたものであるように受け取られかねないし，写真表現における構図・トリミングの重要性に鑑みるならば，勝手にトリミングされることも，Bにとっては耐えがたい。

　近時本問のような状況のもと，リツイートにおける氏名表示権侵害を肯定した最高裁判例（前記→p.097〔リツイート事件：上告審*21〕）が登場した。氏名表示権については，画像が，著作者名の表示が切除された形で同投稿にかかるウェブページの閲覧者の端末に表示された場合に，当該表示画像をクリックすれば元の画像を見ることができるとしても，同投稿をした者が著作者名を表示したことにはならないというのである。Twitterを利用する生徒・学生は相当数いるものと思われ，この判決の射程はリンク一般に及ぶわけではないが注意が必要であろう（なお林景一裁判官による反対意見も付されており，筆者も個人的にはこの立場に立つ）。

(3)　同一性保持権

　20条で規定される同一性保持権とは，「著作物の内容，題号について，意に反して改変を受けない権利」を指す。ところで，我が国においてこの権利はベルヌプラス（ベルヌ条約〔文学的及び美術的著作物の保護に関するベルヌ条約〕で定められた保護水準を越えて，それに＋α）の保護を与えていることに注意が必要である。

　つまり，本来ベルヌ条約では，自己の名誉または声望を害するおそれのあるものだけを侵害とすればよいところ，我が国では，著作者の意に反する改変は全て著作者の人格権を侵害する行為とされているのであり，極めて強力な権利となっている。そのため，「加筆して原著作物の価値を上げても，著作者が同意しなければ侵害」「私的に改変することも侵害」となりうる。

　例えば他人の動画を改変して音楽をつけ，YouTubeにアップロードする場合，楽曲自体の著作権，著作隣接権を考える必要もあるが，何よりも他人の動

---

*21　最判令和2年7月21日民集74巻4号1407頁。

画を改変したり，つなぎ合わせたりする行為が同一性保持権侵害としてクローズアップされてくる。

　もちろん許諾を得ればよいのであるが，大抵の場合は許諾を得ることができない。仮に，同一性保持権侵害行為と評価されるこのような動画改変行為によって，別の価値のある動画が登場したときにこれをどう許容していくかが課題となる。

　20条2項には，同一性保持権の行使が制限される場合が列挙されているが，ここで最も重要となるのが，4号である。そこでは「前3号に掲げるもののほか，**著作物の性質並びにその利用の目的及び態様に照らしやむを得ないと認められる改変**」が許されるとある。

　かつて，4号は極めて例外的に改変を許容するものだとの起草担当者の見解[22]や学説が有力であったので，このような場合に改変を許容する根拠とはなりえなかった。しかし最近では，4号を柔軟に（緩やかに）適用していく立場が有力となりつつある[23]。

　高校や大学の部活動の勧誘において動画が使われることも極めて多くなっている。技術的には，他人の動画を改変することは，端末の性能向上をはじめとした技術の進歩により，非常に容易となっており，YouTubeなどの動画サービスでも問題となりそうな動画が散見される。これらの動画をもし許容する必要があるのであれば，その有力なツールが20条2項4号ということになろう。

　同じようにTwitterなどのSNSサービスを介した効率的な情報交換の過程で生じる，同一性保持権の侵害については，前記〔リツイート事件：上告審〕の原審である〔リツイート事件：控訴審[24]〕において，「表示される画像は，……表示するに際して，HTMLプログラム……等により，位置や大きさなどを指定されたために」改変され，同一性保持権を侵害すると判断されている。この場合もリツイート者の選択肢はシステムの制約上ツイートするかしないかしかないのであるから，やむをえない改変と解する余地もあったように思われ

---

[22]　逐条178頁。
[23]　以上中山636頁以下参照。
[24]　知財高判平成30年4月25日判時2382号24頁。

る。

　生徒・学生への指導をする立場からは，なるべく改変を控えるよう指導せざるをえないが，結果として侵害が問題となる事態に直面した際には，20条2項4号の活用を考えてみることも必要であろう。

第3節　制限規定

1　基本的な考え方

　既に述べたとおり，ある著作物に依拠してその著作物に類似する著作物を，著作権者の許諾なく，利用する（支分権に該当する行為を行う）ことを行えば著作権侵害となるが，そのような場合でも以下に述べる各種制限規定に定める要件をクリアするならば，著作者の許諾がなくとも利用することが可能である。著作者人格権の制限規定については，必要な限度で既に言及したので省略する。

2　私的複製（30条）

(1)　私的使用目的の意義

Q51.

　大学の演劇部に所属している学生達が，自分達で台本を作れないので，ネットで公開されている台本をダウンロードし，各部員に配布して練習をしている。このような趣味で行っている行為は，著作権法でいう私的複製であり，著作権者の許諾なく行うことができるか。

A.

　私的複製とはいい切れず，著作権者の許諾なく行えば，著作権侵害となりうるので，注意が必要である。

解説　30条では，私的使用目的での複製は，その使用する者が行う限り許されている。ここで，「私的使用」とは「個人的に又は家庭内その他これに準ずる限られた範囲内において使用すること」とされるので，本問の場合も演劇部内部でのコピーは私的使用目的の複製（私的複製）といえるかが問題となる。

　私的使用の範囲については，→ p. 128 にも言及があるが，以下生徒・学生の課外活動でどう考えるかにつき説明する。

　「個人的に又は家庭内その他これに準ずる限られた範囲での使用」のうち，「個人的」とは，個人の趣味や教養のためであり，「家庭内」とは同一家計で同居している人間関係にあるような場合を指す。そして，「その他これに準ずる限られた範囲」というのは，メンバー相互に強い個人的結合関係がある場合だという[25]。大学の演劇部にかぎらないが，部活動一般において，メンバー相互に強い人的結合関係がある場合が多いと考えるならば，このような複製は私的複製として，代表者がコピーし，他のメンバーに配布することが許されるであろう。しかし，特に大学のサークルにおいては100人を超えるようなメンバーが所属するものもあり，果たしてメンバー間に相互に強い人的結合関係があるといえるかは微妙であろう。そうすると，そのような場合にまで，複製を許容してよいかは疑問である。このような場合でも，誰か1名がまずダウンロード（私的複製）を行い，それをさらに見やすいようにプリントアウトする（これも私的複製）。これを部室内のどこかに放置しておき，適宜必要だと思ったものがそれぞれ各自でコピーしたとする。このようにすれば，各複製行為は個人の趣味のために行う私的複製ということになる。

　当該台本はネットで無償公開されている[26]ものである場合，上のように考えたとしても権利者に与える影響はさして変わらない。では，脚本が有償で配布されている場合は，どうか。恐らく結論は逆になるであろう。この場合，メンバー間の人的結合関係の希薄さによると説明するのか，著作権者に与える経

---

*25　逐条231頁。

*26　ネット上で公開されている上演台本公開サイトで参照したもの。
　　　https://www.gekidandarui.com/text/

済的影響の大きさに配慮すると説明するのか，説明の仕方はいろいろあろう。

　また，新歓ポスターでのイラスト利用を考えてみると，こういった使用目的は，私的利用とはいいがたいが，小規模であるという点では，許容しても差し支えない利用形態といえるのではないか。

　以上のように，非常に分かりにくいが，制限規定の目的に配慮しつつ，常識的に決めるほかない。

　30条1項1号では，「公衆の使用に供することを目的として設置されている自動複製機器（複製の機能を有し，これに関する装置の全部又は主要な部分が自動化されている機器をいう。）を用いて複製する場合」は，私的使用目的であっても複製できない旨，規定している。

　「公衆の使用に供することを目的として設置されている自動複製機器」とは，典型的には，図書館やコンビニのコインコピー機である。しかし，著作権法附則5条の2で当面の間，「専ら文書又は図画の複製に供するものを含まない」とされているため，これらのコピー機を用いて行う私的複製行為が許容されていることには注意したい。

　なお，令和2年改正（30条1項4号・同2項の挿入）により「侵害コンテンツのダウンロード違法化」の対象が，従来の動画・音楽から一般の著作物に拡大されており，この改正は令和3年1月1日より施行されている（→ p.108）。インターネット上での正当な情報収集等を萎縮させないような規定にはなっているので，いたずらに心配する必要はないが注意が必要である。

Q52.

　　レンタルされた DVD や BD を，生徒達が返却後も自分で見たいと考えて，いわゆるリッピング行為^(*) を行っている。まさに自分で見るための複製の作成であるので，著作権法で許される私的複製に当たり，著作権法上適法に行えると考えてよいか。

A.

　　生徒の行為は，30条にいう私的複製行為に他ならないが，現在の著作権法では，30条1項2号に該当する行為であり，禁止されている。

解説　BD や DVD のリッピング^{*27} は現在でも技術的に可能である。そしてファイルをコピーすることは可能である。ただし，単にコピーすることでは，暗号化されたままで，見ることはできない。

ところが，CSS の秘密鍵が漏洩し，DVD のリッピングを，暗号を解除しながら行うことができるようになっている。この場合，DVD はコピーし放題となる。かくして DVD を私的複製することは非常に容易である。

数次の改正を経て DVD 等のリッピングについては，私的使用目的であっても，暗号方式による技術的保護手段の回避により可能となった複製を，その事実を知りながら行うことは，民事上違法となっている。

---

*27　DVD などに記録されているデジタルデータを，そっくりそのままの形またはイメージファイルとしてパソコンに取り込むか，データファイルに変換することであるが，CD とは違い，記録されているデジタルデータは暗号化されており，一般にはそのような暗号化を自動的に解除する行為も包含する。

Q53.

自宅に大量に書籍を保有する生徒がいわゆる自炊代行業者に依頼して，書籍を複製している。できあがったスキャンデータは，その生徒の私的使用目的に限定されるならば，著作権法上許されるか。

A.

30条にいう私的複製行為は「その使用する者が」行う必要があり，業者に代行させた段階でもはや私的複製とはいえない。

解説

通常，ある行為を業者に代行させる場合に，業者を手足と考えるならば，本問の場合も業者ではなく，生徒が自ら複製しているともいえよう。そこで，何故著作権法は「その使用する者が」という要件を課したのかを考える必要がある。私的複製行為は家庭内など閉じた場所で行われるので，そもそも権利者が捕捉することが難しい。そのような家庭内の少量の複製行為であれば黙認してよいという判断なのであり，これを，業者に行わせることになると大量の複製が行われると考えているのであろう。「その使用する者が」という制限を課すことはそういった意味もあるのである。

(4) 映画の盗撮

Q54.

映画館で上映されている映画を学生が，スマートフォンの動画撮影機能で，全て録画している。生徒曰く，あとでその映画を自宅で再度楽しむために録画しているのだから，問題ないと主張している。これは放置していてよいものか。

A.

生徒の行為は，30 条にいう私的複製行為ではあるが，このような形態の撮影は，映画の盗撮の防止に関する法律［平成 19 年法律第 65 号］により，禁止されているので，そのような行為を行っていることを知った場合，生徒に注意する必要がある。

解説　この法律は，観衆から料金を受けて行われた最初の上映から一定期間（8 ヶ月）にのみ，著作権法 30 条 1 項の適用がないとするものである（映画の盗撮の防止に関する法律 4 条 2 項）。映画館で上映中の映画は，映画の盗撮の防止に関する法律が制定される前までは，ビデオカメラで撮影しているだけでは，私的利用目的の複製であると言い逃れされてしまう可能性が大きかった。実際にその後の違法複製ないしは違法譲渡を押さえることは現実的には不可能であったからである。

　最近では，動画配信のサブスクリプションサービスも登場し，検索エンジン側のリーチサイト排除への協力もあり，映画館で盗撮された動画を購入しようと考えるものは少なくなっているであろう。

Q55.

令和２年の著作権法改正においては，いわゆるダウンロード違法化の対象が拡大されたと聞く。新しい制度を生徒にどのように説明するべきか。

A.

従来は対象が音楽・映像であったところ，著作物全般に拡大されたことは間違いないが，様々な制約が課されており，いたずらに萎縮すべきではない。

解説　平成21年に初めて侵害コンテンツのダウンロード違法化の規定が導入されたが，そこでは楽曲・映像について一定の場合に私的複製を禁止していた（30条１項３号を挿入）。加えて，平成24年改正で刑事罰が科されるようになっている。今回の令和２年改正で**範囲を楽曲・動画以外の著作物全般**（漫画・書籍・論文・コンピュータプログラムなど）に拡大した。

一方，国民の情報収集等を過度に萎縮させないために，**規制対象となるのは，違法にアップロードされたことを知りながらダウンロードする場合のみと**し[*28]，**以下の場合は規制対象外**とすることとした。

| ① | 漫画の１コマ～数コマなど軽微なもの
| ② | 二次創作・パロディ
| ③ | 著作権者の利益を不当に害しないと認められる特別な事情がある場合

刑事罰も抑制的に運用されるように要請されており，条文上も親告罪（公訴の提起に告訴のあることを必要とする犯罪）であり，正規版が有償で提供されている著作物を反復・継続してダウンロードする場合に限定されている。

[*28]　重過失によって違法にアップロードされたものだと知らなかった場合も，規制対象とはならない。

⑹ 図書館での生徒・学生による複製（30 条）と図書館職員による複製（31 条）

Q56.

自分の趣味のために使用する資料として，書籍の一部を図書館のコインコピーで複写しようとしたところ，短い文章にもかかわらず，その半分しか複写が許されなかった。図書館がそのように複写を禁止する根拠は何か。

A.

著作権法では，一部の図書館において，その職員が利用者の求めに応じて複写することを許容する規定（31 条 1 項 1 号）が用意されている。しかし，この規定はあくまで職員が複写を行う場合の規定であり，図書館内外を問わず，利用者自らが複写を行う場合には，問題のような状況でも，自由にコピーができるはずであるが，図書館と権利者との協定によりこのような運用が行われている。

解説 生徒・学生は，授業で使用する資料以外を閲覧するためにも図書館を利用することが多いであろう。そのようなときには必要に応じて図書館資料を複写（コピー）することもあるはずである。

　31 条 1 項 1 号は一部の図書館[*29] において，その職員が利用者の求めに応じて複写することを許容する規定ではあるが，その複写においては，様々な制約が課せられている。

　すなわち，複製できる範囲は調査研究目的で，公表された図書館資料（蔵書）に限られ，範囲も一部[*30] のみ，そして部数は 1 部のみである。

[*29] ここでいう図書館の意義は，一般人が観念する図書館よりは狭いものとなることに注意が必要である。例えば，企業内図書館や高校の図書館は 31 条でいう図書館には該当しない。

[*30] 公表された著作物の一部分（通常は半分），発行後相当期間を経過した定期刊行物に掲載された個々の著作物では，その全部となる。

　図書館のカウンターに蔵書を持ち込み複写依頼をする場合は，まさに31条1項1号が適用される局面であるが，こういった制約があるため実に使いにくい。特に「発行後相当期間を経過した定期刊行物」といったとき，相当期間とは，権利者の利益を損なわないよう，定期刊行物の販売が終了するまでを指すとされ[*31]，実務的には次号が発行されればよいことになっている。しかし，このように解すると，大学の紀要のように1年に1度か2度しか発行されないものは相当期間待たないといけなくなる。

　このような不都合もあり，そもそもこの条文は図書館職員が利用者のために複製する行為に適用される制限規定であることを踏まえると，利用者自らが，書籍を借り出し，コピー機を用いて30条1項に基づく私的複製を行えばよいはずである。

　ところが，館内のコインコピーで，利用者（複写請求者）が私的複製をすることは，その複写（複製）行為を厳格に管理しないかぎり許されないという見解が示されている[*32]。

　果たしてこのような見解は正当であろうか。そもそも31条は，あくまで図書館職員が複製行為をするならば，このような場合に複製権の行使が制限されることを定めたに過ぎない。私的複製に場所的制限はないのであるから，館内のコピー機はもとより，ハンディスキャナやスマートフォンによって私的複製することができるはずである[*33]。

　図書館資料は決して新刊書だけではない。むしろ大半はもはや店頭では入手不可能な類いのものである。図書館資料を借り出して，自宅でスキャンないしはコピーをすることや閲覧時の手書き複製は許容される一方，館内のコインコピー機を用いて自由に私的複製ができないのは，全くもって奇妙な運営実務である。このように運営しようと考える背景には，そもそもコピー機（公衆の使

---

*31　中山391頁。

*32　著作権情報センター「図書館と著作権」Q2，Q3。
　　　https://www.cric.or.jp/qa/cs03/index.html

*33　ただ，これら電子機器を使った複製は，電子機器自体の館内への持ち込みが禁止されており，見つかれば制止される。これは著作権法上の要請に基づくものではなく，図書館が有する施設管理権に基づき，禁止しているものである。

用に供することを目的として設置されている自動複製機器）によって私的複製はできないはずであるのに，著作権法附則5条の2によってずるずると許容されていることへの不満があるのであろう。しかし，未だにこれが許容されているのは，個別の複製行為を全て捉えることは実質的に不可能であり，また，私的複製を許可することによって得られる社会的利益に着目するからに他ならない。

　なお，初等中等教育機関の図書室は図書館から除外されているので，もともと外部に持ち出してコピーをするしかない。図書館側がどう言おうと，わざわざ館外に持ち出させてまでコピーをさせる意味はないであろう（自宅に高性能スキャナがあるのであれば，館外持ち出し可能資料は直接デジタル化する方が，コスト面からも，その後の資料の取り回しも格段に優れている）。

　以上の通り，図書館のこのような実務は法的根拠も希薄であり，かつ有害無益であるから，利用者側は可能な限り自衛することが望ましい。

3　付随対象著作物の利用（30条の2）

Q57.

写真の投稿を中心とした Instagram と呼ばれる SNS において，学生が様々な写真を撮影し，アップロードしている。それらの写真には，主要被写体以外に他人の著作物が写り込んでいることがあるが，問題はないか。

A.

このような写り込みについては，写り込んだものが他人の著作物である場合に問題が生じる場合がある。また，人は，その人の肖像をみだりに他人に撮影・使用されないという人格的利益を持っており，これを違法に侵害すると不法行為責任（民法709条・710条）を負うことになるので，他人の容姿を判別できる形で撮影した写真をアップロードすることは，本人の許諾がない限りは避けるべきである。

解説　30条の2は平成24年改正で挿入されたものだが，令和2年改正で大きく形を変えて，令和2年10月1日より施行されている。

　現行法で大きく変わった点は，対象となる行為が，写真の撮影または録音・録画のみならず，ダウンロードや複製を伴わない伝達まで広げられ，著作物を創作する場合という限定が取り払われることとなったことである。

　対象が広がることで，スクリーンショットやインターネットによる生配信などを行う際に発生しうる写り込みまでもが許されることになり，著作物を創作するという行為以外（例えば固定されたカメラによる映像の記録）に伴う利用も許容されることとなった。

　そのほか，いわゆる「写し込み」を許容するかどうかという論点との関係で「分離困難性」が「分離困難性の程度」と変更された。これにより，主要被写体とある程度関係があるならば，分離困難とはいえないものであっても「写し込む」ことができるようになったといえる。

　以上，文字にするとやや分かりにくいので，著作権法及びプログラムの著作物に係る登録の特例に関する法律の一部を改正する法律（説明資料）[34]　27頁の図を簡略化して【図表13】に示す。

　今回の改正によって，平成24年改正当時の30条の2が抱える問題点の多く

【図表13】

	旧法	現行法
対象行為	写真撮影・録音・録画	複製・複製を伴わない伝達行為全般（スクリーンショット・生配信・CG化など）
著作物創作要件	著作物の創作に伴うもののみ	無制限
分離困難性	メインの被写体から分離困難なもののみ	メインの被写体に付随する著作物であれば，分離困難でないものも対象（写し込みの許容）

---

[34]　https://www.bunka.go.jp/seisaku/chosakuken/hokaisei/r02_hokaisei/pdf/92359601_02.pdf
（2020年10月18日最終閲覧）

が解決されたと言える[35]。

　例えば，平成24年改正に関する文化庁の解説[36]によれば利用が認められる場合には次のようなものがあり，これは現行法でも同様に許容される。

- ・写真を撮影したところ，本来意図した撮影対象だけでなく，背景に小さくポスターや絵画が写り込む場合
- ・街角の風景をビデオ収録したところ，本来意図した収録対象だけでなく，ポスター，絵画や街中で流れていた音楽がたまたま録り込まれる場合
- ・絵画が背景に小さく写り込んだ写真を，ブログに掲載する場合
- ・ポスター，絵画や街中で流れていた音楽がたまたま録り込まれた映像を，放送やインターネット送信する場合

一方利用が認められない場合として，次のようなものが挙げられていたが，

- ・本来の撮影対象として，ポスターや絵画を撮影した写真を，ブログに掲載する場合
- ・テレビドラマのセットとして，重要なシーンで視聴者に積極的に見せる意図をもって絵画を設置し，これをビデオ収録した映像を，放送やインターネット送信する場合
- ・漫画のキャラクターの顧客吸引力を利用する態様で，写真の本来の撮影対象に付随して漫画のキャラクターが写り込んでいる写真をステッカー等として販売する場合

　以下の要素を総合考慮して，「正当な範囲内」といえるならば，利用が認められる余地も出てきたことになる。したがって，学生・生徒にInstagram等のSNSを利用するにあたって注意喚起をする必要はあるものの，萎縮させるのではなく，むしろ積極的に30条の2を活用するように指導すべきであろう。

- ・付随対象著作物の利用により利益を得る目的の有無
- ・当該付随対象事物等の当該複製伝達対象事物等からの分離の困難性の程度
- ・当該作成伝達物において当該付随対象著作物が果たす役割
- ・その他の要素

---

*35　中山817頁参照。

*36　https://www.bunka.go.jp/seisaku/chosakuken/hokaisei/utsurikomi.html

4 引用（32条）

他人の著作物を許諾なく利用できる制限規定では30条の私的複製に次いで使い勝手のある規定であるが，課外活動で他人の著作物を利用する局面では，その全部ないしは大半を利用することが多く，実質的に出番は少ない。引用の要件については，→ p.158以下に詳しく解説されているので，参照されたい。

5 非営利無料の上演等（38条1項）

Q58.

我が校のインターアクト部では，コロナ禍で職を失った方々に対する支援のためのチャリティーコンサートを計画している。このチャリティーコンサートは，学校の講堂を舞台として行うが，三密回避のため，学外へのライブ配信も計画している。コンサートではなるべく支援金を多く得るため，プロの演奏者は無報酬での参加を約束してくれている。このようなチャリティーコンサートにおける楽曲の使用（演奏）は38条1項の適用があるため，著作権者の許諾なく行ってよいと考えているが，このような認識でよいか。

A.

素晴らしい目的のチャリティーコンサートであるが，本問のような場合には，38条1項の適用はなく，著作権者の許諾なく行うことはできない。

解説　問題文中のインターアクト部とは，中学・高等学校のボランティア系の部活動として主に私立学校を中心におかれることが一般的である。
38条では非営利の様々な利用を著作権者の許諾なく行えることが規定されている。このうち，生徒・学生が課外活動中に行う活動との関連では恐らく

38 条 1 項がもっとも出番が多いであろう。38 条 1 項には，①公表された著作物を，②営利を目的とせず，かつ，聴衆または観衆から料金（いずれの名義をもってするかを問わず，著作物の提供または提示につき受ける対価をいう）を受けないで，また③実演家または口述を行う者に対し報酬を支払わないならば，公に，上演し，演奏し，上映し，または口述することができると規定されている。

コンサートで使用する楽曲は通常①の要件を満たすであろうし，プロの演奏者は無報酬での参加を約束してくれているのであるから③の要件も満たす。しかし，チャリティーコンサートである以上，何らかの収益を上げ（通常は実費を控除した全額ということになろう），それを支援金とする必要がある。そうすると，②の営利を目的としないという部分については要件を満たせるが，聴衆から料金を受けないでという要件をクリアできない。ここで料金は「いずれの名義をもってするかを問わず，著作物の提供または提示につき受ける対価」であるとされるので，入場料ではなく，支援金などと名義を変えたとしてもだめである。また，通常のコンサートチケットの代金に比して著しく低廉な 2000 円程度としたところで状況は変わらない。

このような場合には，せっかくの善意で始めたチャリティー活動が頓挫してしまうようにも思えるが，JASRAC などでは，大規模な災害発生時には低廉な使用料で許諾をすることがあり[*37]，一般的にもチャリティー目的であれば格安で許諾を受けられる可能性が高い。

ところで，仮に 38 条の適用があったとして，可能となるのは，公に，伝達（上演し，演奏し，上映し，または口述）することであり，残念ながら公衆送信をすることはできない。同様に許諾が必要ではあるが，やはりチャリティー目的であれば，低廉な使用料での許諾が受けられるはずであるから，ありがたくそのような制度を利用すべきである。

なお，大学の管弦楽団の定期演奏会では，チケットは有料設定としたうえで，実質チケットを無料配布することが多い。38 条 1 項の適用を受けたいのであ

---

*37　例えば東日本大震災後にはその被災者支援のためのチャリティーコンサートにおける管理楽曲の使用料を無料としたことがある。
https://www.jasrac.or.jp/smt/release/11/04_2.html　（2020 年 10 月 8 日最終閲覧）

れば，チケット代を 0 円（全てご招待）としたうえで，エキストラ（プロの演奏者）への出演料は無償とするような工夫が必要となろう。

6　翻案等による利用（47 条の 6），複製権の制限により作成された複製物の譲渡（47 条の 7），出所の明示（48 条）

47 条の 6（平成 30 年改正前 43 条）は，各種制限規定により著作物を利用することができる場合に，それぞれの制限規定毎に，追加的に利用できる態様を定める。例えば，私的複製ができる場合に，当該著作物を翻訳することも可能となる。

また，47 条の 7 は，平成 11 年の譲渡権導入に伴い導入されたものである。

そして，48 条は，著作権の制限規定の適用を受けて著作物を利用する際の出所明示義務を定める。

これらの規定は，必ずしも，学生・生徒による利用に限定されないし，授業としての利用や家庭外の利用とは無関係であるので，詳細は→ p. 079 の記述に譲るが，上記出所明示義務は，生徒・学生が忘れやすいので，適切な指導が求められよう。

7 複製物の目的外使用について（49条）

Q59.
自分で見るために録画した映画を大学の友達と一緒に見たいが，どのような点に注意すればよいか。

A.
テレビで放送される映画を自分で見るために録画することは，まさに私的使用目的の複製といえるが，その映画の複製物を友人に見せる場合には，49条1項に定めるような目的外使用とならぬよう，注意が必要である。

解説　49条1項は，30条1項の目的以外（すなわち私的使用目的以外）の目的のために，30条1項の適用を受けて作成された著作物の複製物を，頒布し，または当該複製物により当該著作物の公衆への提示（送信可能化を含む）を行うことを禁止している。頒布とは2条1項19号によれば「有償であるか又は無償であるかを問わず，複製物を公衆に譲渡し，又は貸与することをいい，映画の著作物又は映画の著作物において複製されている著作物にあっては，これらの著作物を公衆に提示することを目的として当該映画の著作物の複製物を譲渡し，又は貸与することを含む」とされている。

　したがって，本問における映画の複製物を公衆に譲渡し，または貸与することは許されないし，映画の著作物であるから，公衆に提示することを目的として特定の友人に譲渡，または貸与することもできないことになる。

　もっとも，本問において，自宅に招く程度の少数の友人と映画の複製物を再生（上映）する分には，本来の私的使用目的での使用であり，かつ「公衆への提示」には該当しないものと思われる。友人の数が例えば100名（サークルのほぼ全メンバー）を超え，それらの者に対して，非営利上映をする場合には，使用する映画の複製物は，市販のDVDなどにするのが無難であろう。

117

一方，私的使用目的で録画した映画を，授業で非営利上映することは，上映権の侵害とはならない（38条1項）。公衆に提示する以上，49条1項に基づき複製行為を行ったことになるはずだが，その複製行為（録画行為）は授業目的で行ったと考えられ，35条1項に基づき許容されるからである（→ p.050）。その映画の著作物の複製物を再生することは，まさに映画の上映に該当し，授業での上映は，非営利の上映と考えられるので，やはり許諾なく利用できることになる。

第4節　利用許諾

1　基本的な考え方

ある著作物に依拠してその著作物に類似する著作物を，著作権者の許諾なく，利用する（支分権に該当する行為を行う）ことが，著作権侵害なのであるから，著作権者の許諾を得るならば著作権侵害とならないことはいうまでもない。

権利許諾を得るにあたっては，利用者側は，まず何か使える制限規定はないかということを検討するようにすべきである。著作物を利用しようと思い，権利者に相談したところ，「利用許諾を得てください」と言われて許諾を受けたが，後にそれは利用許諾を得ることなく自由に使える場合であったと判明することが実に多いのである。

著作権法が，制限規定を置いているのは，その部分に権利を与えることは好ましくないと考えているのであり，そのような場合にまで，わざわざ何かしらの対価を払って利用することは正しいあり方とはいえない。

詳細な手続については，→ p.130以下，p.191以下に譲るが，以下いくつかの課題を指摘しておきたい。

2　制度的不備

→ p.131以下で解説されている許諾システムを利用する際によく感じること

は，使いたい著作物がある場合に，迅速にかつ低廉な価格で許諾を得る道が開かれていないということである。

　必要な資料が，許諾リストにない（管理委託されていない）場合も多々あるし，今資料を作るのに使いたいと思っても，許諾を得るのに時間がかかり，事前ではなく事後の報告でよいタイプもその報告の負担が軽くはない。

　また，JRRC（日本複製権センター→ p. 131）で一番困るのが，利用の範囲が「小部分」（出版物全体の30％または60頁のいずれか少ない方を超えないこと），「少部数」（20部以内の複写），「小規模」（電磁的複製された著作物の利用者が30名以内）との制約である。通常の講義はもとより，ゼミであってもこれでは個別に許諾を求めざるをえない。

　授業外の利用であってもこの点は同じであり，むしろ大人ではない生徒・学生が自主的に対応できる範囲を超えているように思われる。どの程度こういった許諾が利用されているのかは，筆者の方で把握していないが，決して多くはないはずで，それはこういった制度的不備に起因するのではないか。

3　権利者の許諾方針が必ずしも著作権法の考え方と一致しない場合があること

　利用者が覚悟を決めて許諾を求めようと権利者にコンタクトを取ったとして，そこで受ける説明に疑問符がつく場合もある。

　例えば，外部のサイトで楽曲付き動画を利用する場合の流れは，【図表14】の通りである[38]。

　これは，著作権だけではなく，著作隣接権にも目を向けていて分かりやすいが，一部，疑問に思われる箇所もある。例えばYouTube に楽曲付き動画をアップロードし，これをシェアしたいと考えて上からこのフローチャートをたどっていくとする。動画リンクの貼付先には，様々なものが考えられるのに，貼

---

[38]　楽曲自体については一般社団法人日本音楽著作権協会（JASRAC），CD 等の音源の利用については一般社団法人日本レコード協会（RIAJ）に相談することになる。【図表14】は JASRAC の整理（https://www.jasrac.or.jp/info/network/pickup/movie.html）から引用。

【図表14】

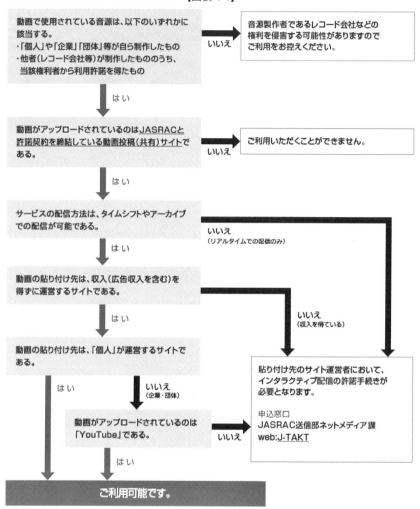

付先が広告収入を含む収入があるサイトであればインタラクティブ配信の許諾
手続が必要とされる。何故このような制約がかけられるかが理解できない。商
用配信であるという理解なのであろうが，果たしてこういうスタンスで利用者
の理解は得られるのか疑問である。

4　自称権利者の登場

　ある有名詩人の詩を利用する際に，この有名詩人が90年前に死亡しており，それ故，著作権は保護期間満了によって消滅しているにもかかわらず，利用にあたって許諾を得ないといけないと主張する謎の著作権管理団体が存在する[39]。

　このように本来であれば，万人に無償で公開されるべき著作物が，著作権を振りかざした権利者に蹂躙されるということがまま見受けられるので，この点にも注意が必要であろう。

---

[39]　https://detail.chiebukuro.yahoo.co.jp/qa/question_detail/q14111355839　（2020年10月8日最終閲覧）を参照しているが，事案を簡略化するために事実関係を変えてある。
金子みすゞ著作保存会
http://www.jula.co.jp/cat67.php　（2020年10月8日最終閲覧）
背景事情は，まだ十分に調べが付いていないが，次のようである。
http://takatoo.blog34.fc2.com/blog-entry-52.html　（2020年10月8日最終閲覧）

第5節　未成年者による著作権等侵害に関する親・学校の監督責任

Q60.

中学校の教員が，自分の担任をしているクラスの男子生徒が，休み時間中に，昨晩放送されていた人気テレビドラマを，動画共有サイトに繰り返しアップロードしていることを知りつつ，これを放置していると，どのような責任に問われるか。

A.

このような行為は，著作権者・著作隣接権者の許諾なく行うならば，→ p.092 でみたように各権利を侵害する行為とされる。未成年者が行った行為の民事上の責任は，親や学校教員が負うことになりうるので注意が必要である。

解説

1　不法行為の一般原則

著作権侵害に基づく損害賠償責任は不法行為責任である。そして，故意または過失によって違法に他人に損害を加えた場合（不法行為）には，加害者にその損害を賠償する責任があるとされている（民法709条）。

2　責任無能力者の監督者の責任

ところで，未成年者が不法行為を行った場合に，その行為の責任を弁識する知能を備えていなかったときは，賠償の責任はない（民法712条）。そして，法

定監督者（親権者，未成年後見人）または，代理監督者（教員等）が賠償の責任を負うことになる（民法714条）。

監督義務者または代理監督者が監督義務を怠らなかったこと等を立証すれば，その責任を負わなくてもよいが（民法714条1項但書），本問のような場合には，漫然と生徒の行為を放置していたのだから，監督義務を怠っていたといえよう。

3　成年年齢の引き下げと大学の監督責任

民法の一部を改正する法律［平成30年法律第59号］の施行に伴い実施される成年年齢引き下げにより，2022年4月1日以降は18歳に達すると成年者となる。もっとも民法712条はその行為の責任を弁識する知能を備えていないときは，賠償の責任はないと規定するので，そもそもこの改正前においても18歳の大学生が，例えば自動車を運転していて人をはねたならば，その大学生本人は，一般的には「その行為の責任を弁識する知能を備えている」と考えられ，損害賠償責任を負うことになる。そして，この法改正後には，大学生であれば成年年齢に達しているし，飛び級で大学に入学した学生であっても，前述の通り「その行為の責任を弁識する知能を備えている」とされるであろうから，いずれにしても大学がその監督責任を問われないようにも思われる。

しかしながら，大学生が何らかの不祥事を起こせば，その大小を問わず，大学の監督指導責任が問われよう。それは，活動を再開した部活動において，新型コロナウィルス感染症のクラスターが発生したときに，世間から受けた批判をみても明らかである。いくら学生の自主的な活動であっても，少なくとも大学が公認する部活動やサークルにおいて何らかの不祥事が発生し，そのメンバーたる学生が不法行為責任を負う事態になれば，大学は監督指導責任を道義的に負うことになるので注意したい。

4　使用者の責任

ある事業の為に他人を使用する者は，被用者がその事業の執行につき第三者

に加えた損害を賠償する責任がある（民法715条）ので，**不法行為を行った教員に対し使用者としての地位にある学校の設置者は，教員について選任，監督上の相当の注意を行っていた場合など一定の場合を除いて，教員の不法行為について損害賠償の責任を負う。**使用者は，不法行為を行った被用者に対して求償権を行使することができることになる。

つまり，低年齢の生徒を指導する可能性のある小学校教師とその使用者は「火の粉」が飛んでくることを覚悟し，一層注意を払う必要があるといえる。

5　プロバイダ責任制限法について

最近，SNSにおける誹謗中傷が問題となっているが，誹謗中傷行為だけではなく，著作権侵害も同様に問題となりうる。その場合に，その行為の当否とは別に，当該情報の掲載が教育機関の管理するウェブサイトに掲載されていたものである場合に，教育機関が責任を負うこともありうるので注意が必要である（プロバイダ責任制限法〔特定電気通信役務提供者の損害賠償責任の制限及び発信者情報の開示に関する法律〕参照）。

例えば〔都立大学学生ホームページ名誉毀損事件〕[*40]は，東京都立大学内の対立する学生グループの紛争に伴い，その一方が大学管理下のコンピュータシステムでホスティングされていたウェブページにて，相手方グループを批判した文書を掲載した行為が名誉毀損行為であることを前提に，東京都立大学の設置者である東京都に対してもこの文書の削除と損害賠償を求めた事例である。請求は棄却されたものの，「管理者の被害発生防止義務の成否は，事柄の性質に応じて，条理に従い，個別的ないし類型的に検討すべき」であり，「一般人の日常の様々な生活利益を侵害するおそれの強い行為」が，現になされていて，それを阻止する手段を持つものであるならば，一定の責任を負いうる旨，判示している。例えば，大学生が学内コンピュータシステムにホスティングされているウェブページ上に令和2年著作権法改正において規制対象となるようなリーチサイトを運営していたとして，それを大学側が放置するということは許さ

[*40]　東京地判平成11年9月24日判時1707号139頁。

れないはずである。

6　教育機関での注意喚起の手法と程度について

　以上みたように，指導する教師はもとより，教育機関が責任を負うこともありうるので，生徒・学生に対する著作権教育が重要となってこよう。その詳細は第６章に譲るが，概ね，教育課程の一環として行われるクラブ活動の方が，教師の目が届きやすく，教師自身が著作権法の知識を習得しているならば危険は少なくなるといえる。

　一方，高学年，とりわけ高校・大学においては，部活動は生徒・学生の自主性に委ねられるので，教師・学校側の関与は少なくならざるをえない。実際，大学でこういったサークル・部活動に対して，著作権法に関する丁寧な指導を行っている例は少ないものと思われる。

　例えば，早稲田大学学生部学生生活課が2013年の新歓シーズンに配布したと思われる文書[*41]によれば，課外活動（部活・サークル）に関する詳細な指導が４頁にわたって記載されているが，著作権については次の通り，かなり淡泊である。

> 「12．著作権侵害について
> 　著作物には，創作されたものすべて（言語・音楽・美術・建築・図形・映画・写真など）が含まれます。著作権の保護期間内の著作物を無断で使用すると，著作権侵害になり，損害賠償を請求され，告訴される場合もあります。
> 　例えば，漫画やアニメのキャラクターは「美術の著作物」に該当します。Webサイトや機関紙などに漫画やアニメのキャラクターを無断で掲載する行為は著作者の複製権，公衆送信権を害することになります。」

　ICTの発達により，個人が大量のデータを複製・公衆送信することが極めて容易になりつつあり，小・中学生はともかく，高校・大学生においては，高性能なスマートフォンを保有する者が多いのであるから，適切な指導が求められるところである。

[*41]　http://www.waseda.jp/student/circle/13koredakehamamorou.pdf（2020年10月9日最終閲覧）

第 4 章

学校による
著作物利用と著作権

　学校では，授業以外にも，学内行事やウェブサイトの運営，入試の作問等の様々な場面で著作物が利用されている。そうした利用行為の中には，著作権者の許諾なく行うことができるものとそうでないものとが存在する。本章では，学校による著作物の利用に伴って生じる著作権法上の問題を利用の場面に応じて説明していくことにする。

〈横山久芳〉

第1節　内部利用——私的複製に該当するか？

Q61.

学校の職員会議で使用するために著作物を複製する行為は，私的複製（30条1項）に該当し，著作権者の許諾は不要となるか。

A.

該当しないため，許諾が必要である。

解説　著作物は，個人的な使用，または，家庭内その他これに準じる限られた範囲内における使用を目的とする場合には，一定の場合を除き，その使用する者が複製することができる（30条1項）。

本条にいう「個人的な使用」とは，文字通り，個人的な立場で使用することをいう。例えば，教師が趣味や自己研鑽のため，学校の図書室で借りた本をコピーする行為は，個人的な使用を目的としたものといえる。一方，教員が学校の業務を遂行するために著作物を複製する行為は，個人的な使用を目的としたものとはいえない。複製を行った教員だけが複製物を使用する場合でも，学校の業務遂行のために複製物を使用するときは，個人的な使用を目的としているとはいえない。

また，本条にいう「家庭内その他これに準じる限られた範囲内」とは，少人数のグループであって，メンバー相互間に強い個人的結合関係がある場合をいう。例えば，教員の親睦を目的とした少人数の同好会や親睦会などがこれに当たる。他方，少人数のグループでも，メンバー相互間に個人的な関係がなければ，「家庭内その他これに準じる限られた範囲内」とはいえない。また逆に，メンバー相互間に個人的な関係があっても，グループの規模が大きくなれば，「家庭内その他これに準じる限られた範囲内」とはいえないことになる。

職員会議は，教員が学校の職務として参加するものである。ゆえに，教員が

職員会議で自己の手控えの資料として著作物を1部複製する場合でも，個人的な使用を目的としているとはいえない。また，職員会議のメンバーには，個人的な結合関係が存在しないため，職員会議で配布するために著作物を複製することは，「家庭内その他これに準じる限られた範囲内」における使用を目的としているともいえない。ゆえに，職員会議で使用するために著作物を複製する行為は，本条にいう私的複製に該当せず，著作権者の許諾を要することになる。裁判例においても，「企業その他の団体において，内部的に業務上利用するために著作物を複製する行為は，その目的が個人的な使用にあるとはいえず，かつ家庭内に準ずる限られた範囲内における使用にあたるとはいえないから，同条所定の私的使用には該当しない」と述べられている〔舞台装置設計図事件*1〕。

第2節　利用許諾

1　個別許諾と管理団体による許諾

Q62.

学校が著作物を利用する場合，具体的にどのような手続が必要となるか。

A.

利用する著作物の著作権者から許諾を得ることが必要であるが，著作権者から権利管理団体に管理が委託されている著作物の利用については，簡便な手続で団体から許諾を受けることができる。

---

*1　東京地判昭和52年7月22日判タ369号268頁。

解説　学校が著作物を利用する場合には，著作権の制限規定（35条1項や38条1項など）が適用されることも少なくないが，制限規定の適用がない場合には，著作権者から利用の許諾を受けることが必要である。もっとも，著作物の利用者が著作権者を探索して交渉し，利用許諾を得るには相当な時間，労力を伴うことが少なくないし，著作物を日々大量に利用する事業者が，利用の都度，著作権者から個別に許諾を得なければならないとすると，大変な負担となり，著作物を円滑に利用することが困難となる。そこで，我が国では，著作権等管理事業法により，著作権の集中管理が認められている。

著作権の集中管理とは，著作権の管理を専門業務とする特定の団体（権利管理団体）が，多数の著作権者から権利管理の委託を受け，著作権者に代わって利用者に利用許諾を与えて使用料を徴収し，徴収した使用料を著作権者に分配する仕組みをいう。問題となる著作物の利用が集中管理の対象となっている場合には，簡便な手続で団体から利用許諾を受けて著作物を利用することが可能となる。現在，音楽，言語，美術，写真，映像，実演・レコード等の分野について，28の事業者が権利管理団体として登録を受けている（令和元年7月1日現在）。我が国の主要な権利管理団体としては，音楽の著作物については，一般社団法人日本音楽著作権協会（JASRAC），CD等の音源の利用については，一般社団法人日本レコード協会（RIAJ），一般図書・学術専門雑誌については，公益社団法人日本複製権センター（JRRC），一般社団法人学術著作権協会（JAC），一般社団法人出版者著作権管理機構（JCOPY），教科書の利用については，一般社団法人教科書著作権協会（JACTEX），株式会社日本ビジュアル著作権協会（JVCA），写真については，一般社団法人日本写真著作権協会（JPCA），シナリオについては，協同組合日本脚本家連盟，協同組合日本シナリオ協会などがある。

もっとも，全ての分野について著作権の集中管理が行われているわけではないし，権利管理団体が存在する分野でも，著作権者が権利の管理を委託していない場合や，問題となる利用行為が管理の対象から除外されている場合もある。したがって，著作物を利用する際には，当該著作物が団体の管理著作物となっているか，当該著作物の利用に関して団体から許諾を得ることが可能かどうかを窓口となる団体に確認するとよいであろう。

2　文献複写の許諾契約

　学校では，日々の業務の過程で書籍等の文献複写が行われているが，著作権
の制限規定の適用がないものについては，著作権者の許諾を要することになる。
もっとも，**文献複写については権利管理団体が存在するため，団体から利用許
諾を受けることにより著作物の利用が可能となる場合がある。**現在，文献複写
に関する主要な権利管理団体としては，公益社団法人日本複製権センター
(JRRC)，一般社団法人学術著作権協会（JAC），一般社団法人出版者著作権管
理機構（JCOPY）がある。

(1)　公益社団法人日本複製権センター（JRRC）

　**JRRC は，会員3団体および個別の著作者・出版社から委託を受けた著作物
の管理を行っている。**会員3団体は，著作者団体連合[*2]，新聞著作権協議会，
一般社団法人学術著作権協会である。JRRC が取り扱う著作物の種類は，言語，
美術，図形，写真，音楽，舞踊または無言劇，プログラム，編集物と多岐にわ
たる。**JRRC の管理著作物は，JRRC のホームページ上のデータベースで検索
することができる。**

　JRRC の許諾の条件は，**①利用の対象がJRRC の管理している著作物である
こと，②利用の目的が，複写，ファクシミリ送信，電磁的複製**（著作物を PDF
等の電子ファイル形式として保存すること）**であること，③利用の範囲が「小部
分」**（出版物全体の 30％ または 60 頁のいずれか少ない方を超えないこと），**「少部数」**
（20 部以内の複写），**「小規模」**（電磁的複製された著作物の利用者が 30 名以内）であ
ることである（使用料規程第2節1・第5節1・第1節2 (5) 参照）。JRRC の管理
著作物であっても，②，③の条件を満たさない場合は JRRC の許諾の対象外で
あるため，会員団体または著作者の許諾が必要となる。また，①～③の条件を
満たす場合でも，美術・写真の著作物の鑑賞を目的とした複写や，新聞記事の
複製利用のうち，「クリッピング・サービス」（新聞の記事を，組織的・継続的・

---

*2　著作者団体連合を構成する団体には，一般社団法人日本美術著作権連合や一般社団法人日本写
　　真著作権協会，公益社団法人日本文藝家協会などがある。

反復的に複製し，情報共有化等のために会社等の組織内で使用すること）に該当する複製は許諾の対象外となるため，会員団体ないし新聞社の許諾が必要となる。

　JRRCとの契約には，「個別許諾契約」と「包括許諾契約」の2種類がある（使用料規程第2節2・第5節2参照）。「個別許諾契約」は，複写を行う都度，使用料を支払って許諾を受ける契約であり，使用料は，4円×複写頁数×部数＋基本使用料（500円）である。「包括許諾契約」は，1年間の管理著作物の複写を包括的に許諾する契約であり，使用料の支払方法には，実額方式と簡易方式の2種類が存在する。実額方式とは，利用者が出版物の複写の全記録を取り，一定期間ごとにセンターに報告し，複写量に基づいて使用料を支払う方式をいい，複製物の譲渡を目的としない複写の場合，使用料は，4円×報告対象期間の複写量となる。一方，簡易方式の場合，使用料は，(a) 全コピー機台数に基づく計算方法（1万円×全コピー機台数），または，(b) 全従業員数（教育機関は教員数を含む）に基づく計算方式（標準単価80円×全従業員数）のいずれか選択した方式により算定される（使用料規程第2節3参照）。また，複製物の譲渡を目的としない著作物の電磁的複製許諾の場合，個別許諾契約の使用料は，10円×複製頁数×30部＋基本使用料（500円）であり，包括許諾契約の実額方式による使用料は，10円×報告対象期間の合計複製頁数×30部，簡易方式による使用料は，全従業員数（教育機関は教員数を含む）に基づく計算方式（標準単価120円×全従業員数）により算定される（使用料規程第5節3参照）。

(2)　一般社団法人学術著作権協会（JAC）

　JACは，学会・大学・研究機関等から委託を受けた学会誌や年報等の学術著作物の管理を行っている。また，JACは，世界複製権機構（IFRRO）の会員でもあり，現在35団体に及ぶ海外の権利管理団体とも双務契約を締結し，その管理著作物の権利処理を日本国内で行っている。JACが取り扱う著作物の種類は，言語，図形，写真，プログラム，編集著作物，美術，建築，映画，音楽，舞踊または無言劇と多岐にわたる。JACのホームページ上では，複製利用許諾システムが提供されており，同システムを用いてJACが管理する著作物を検索し，複写複製の許諾申請を行うことが可能となっている。なお，JACは，JRRCの会員であり，JACの管理著作物でもJACがJRRCに管理を再委

託したものについては，JRRC に利用許諾を申し込む必要がある。

　JAC との契約には，「個別的利用許諾契約」と「包括的利用許諾契約」の 2 種類がある。「個別的利用許諾契約」は，許諾の対象となる管理著作物を特定して利用許諾を行う契約であり，「包括的利用許諾契約」は，許諾の対象となる管理著作物を特定せず，当該利用分野において利用許諾可能な全ての管理著作物の利用を包括的に許諾する契約をいう（使用料規程 3 条参照）。

　管理著作物を紙等媒体に複製する場合の使用料（基本複写複製使用料）は，委託者が使用料の額を決定することとされているものを除き，国内管理著作物について，内部利用目的の場合は 1 頁当たり 2 円であり，外部利用目的の場合は 1 頁当たり 10 円とされ，海外管理著作物については，内部利用目的の場合は 1 頁当たり 60 円であり，外部利用目的の場合は 1 頁当たり 100 円とされる（使用料規程 4 条表参照）。

　包括的利用許諾契約の場合の基本複製使用料の算出方法には，全量報告方式と実態調査方式がある（使用料規程 5 条 (1)(2) 参照）。全量報告方式は，当該契約期間内に行われた管理著作物の全ての複写複製につき利用者から報告を受け，報告された複製頁数に基本複写複製使用料を乗じて当該契約期間の使用料額を算出する方式である。実態調査方式は，JAC が任意に指定する当該契約期間内の 5 週間に行われた全ての管理著作物の複製につき実態調査を行い，実態調査期間中の管理著作物の複製頁数の 10 倍に基本複写複製使用料を乗じて当該契約期間の使用料を算出する方式である。内部利用目的の電磁的記録媒体への複製については，管理著作物の利用を包括的に許諾する契約（JAC デジタル著作権利用許諾契約）を締結し，利用者の属する業種区分に応じて従業員数に応じて算定された使用料を支払うことになる（使用料規程第 6 条 (1) 参照）。

(3)　出版者著作権管理機構（JCOPY）

　JCOPY は，出版者から権利委託を受けた著作物の権利管理を行っている。また，JCOPY は，海外の複製権管理団体（CCC〔米国〕，CLA〔英国〕，CA〔豪州〕）とも双務契約を締結し，海外著作物の複写に関する権利の管理も行っている。JCOPY が取り扱う著作物の種類は，言語，美術，図形，写真，編集著作物と多岐にわたる。JCOPY の管理著作物は，JCOPY のホームページ上の

データベースで検索することが可能である。

　JCOPY の許諾により可能となる著作物の範囲や部数は委託者が指定することとなっており，JCOPY のウェブサイトでは，著作物ごとに，制限頁数や制限部数が掲載されている（使用料規程 4 条（2）参照）。

　内部利用目的の紙媒体の複製の場合，利用者は，「個別許諾方式」，「年間報告許諾方式」，「年間包括許諾方式」の 3 種類から選択することができる（使用料規程 6 条参照）。「個別許諾方式」は，複製の都度，許諾を求め，申請に応じた使用料を支払う方式である。年間報告許諾方式は，1 か月または 3 か月ごとに，複製を行った全ての出版物の名称・範囲・複製数に関する報告書を提出し，使用料を支払う方式である。年間包括許諾方式は，年間使用料の事前支払いにより，個別の複製の報告を要することなく，当該年度分の複製を可能とする方式であり，年間使用料は，2 年に 1 度実態調査を実施し，従業員 1 人あたりの使用料を算出し，これに従業員数を乗じて算出されることになる。

　内部利用目的の電子媒体複製の場合も，利用者は，自己の利用目的に合わせて許諾方式を選択することができる。具体的には，電子媒体複製単価を基礎として，ⓐ複製数，ⓑ閲覧（アクセス）数，ⓒ閲覧端末数，ⓓ閲覧可能者係数（複製物にアクセス可能な人数に応じて JCOPY が指定した係数）のいずれかを乗じて使用料を算出する許諾方式が存在し，ⓐ，ⓒ，ⓓについてはそれぞれ「個別許諾方式」と「年間報告許諾方式」が存在する。なお，ⓑ～ⓓによる場合は，複製物をサーバーに蓄積して複数名が同時共有閲覧することも可能であるが，ⓐによる場合は，同時共有閲覧は認められない（使用料規程 10 条参照）。

第 3 節　行事利用

　学校行事のために著作物が利用される場合には，直接の利用行為を生徒が行うとしても，授業の一環として行われる以上，学校が法的責任を負うことになる。そのため，学校は，生徒が行う行為を含めて，著作物の利用が著作権等の侵害とならないように留意する必要がある。

Q63.
運動会で楽曲を BGM として校内放送で流す場合，著作権者の許諾が必要か。

A.
不要である。

解説　運動会では，生徒の入場やリレー，ダンスなどの様々な場面で多数の楽曲が使用される。著作権法にいう「演奏」には，生（ライブ）の演奏に加え，録音物の再生も含まれるため（2条7項前段参照），音楽CDを再生する行為も，著作権法上は「演奏」に該当する。また，著作権法にいう「演奏」には，電気通信回線を通じた演奏の伝達が含まれるため（同項後段参照），校内放送で楽曲を BGM として流す行為も，著作権法上は「演奏」に該当する[*3]。

　著作物を公に演奏する行為は，演奏権（22条）の対象となる。ここで「公に演奏する」とは，「公衆に直接聞かせることを目的として」演奏することをいい（同条括弧書参照），「公衆」とは，不特定の者か，特定多数者をいう（2条5項参照）。運動会の参加者は，学校との間に個人的な関係があるわけではないし，人数も多数に上るため，著作権法上「公衆」（不特定多数者）に該当する（詳細は，→ p.038 参照）。よって，運動会で音楽を演奏する行為は，著作権法上公の演奏と評価されることになる。

　もっとも，著作物を公に演奏する場合でも，①営利を目的とせず，②聴衆または観衆から料金を受けず，③演奏者に報酬が支払われない場合には，演奏権が制限されるため，著作権者の許諾が不要となる（38条1項参照）。運動会は学校行事として実施されるものであるから，①の要件を満たし，また，参加者か

[*3]　なお，同一の建物内における著作物の有線送信は，「公衆送信」に該当しないため（2条1項7号の2括弧書参照），校内放送は，著作権法上，「放送」ではなく，「演奏」に該当することになる。

ら入場料を徴収しないため，②の要件を満たし，演奏者に対する報酬の支払い
もないため，③の要件も満たす。ゆえに，運動会で楽曲を公に演奏する場合に
は，同条が適用され，著作権者の許諾は不要となる。例えば，開会式等で教
員・生徒が合唱したり，競技の応援のため生徒が楽器演奏を行ったり，校内放
送で音楽CDをBGMとして流したりすることは自由である。なお，運動会は
学校行事であるから，校内放送で流す楽曲をCDに収録するなど，運動会での
使用を目的として楽曲を複製する行為についても，35条1項の要件を満たす
限り，複製権が制限され，著作権者の許諾を要しないことになる*4（詳細は，
→ p.045 参照）。

Q64.

運動会で生徒が歌唱・演奏する音楽の歌詞や楽譜をプログラムに複
製し，多数の生徒や保護者に配布する場合，著作権者の許諾が必要か。

A.

必要である。

解説　運動会のプログラムに歌詞や楽譜を複製する行為は，複製権（21条）
の対象となる。運動会は学校行事であるが，多数の生徒や保護者に複
製物を配布する場合は，35条1項が適用されないため，著作権者の許諾が必
要となる（詳しくは→ p.057 参照）。

　音楽の分野は著作権の集中管理が進んでおり，日本音楽著作権協会
（JASRAC）が我が国のほとんどの作詞家・作曲家および音楽出版社から著作権
の委託を受けて管理を行っている。ゆえに，複製の対象となる歌詞・楽曲が

---

*4　著作物の教育利用に関する関係者フォーラム『改正著作権法第35条運用指針』（令和3年度版）
7頁では，同条の「授業」に該当する例として，「初等中等教育の特別活動（学級活動・ホームル
ーム活動，クラブ活動，児童・生徒会活動，学校行事，その他）や部活動，課外補習授業等」が挙
げられている。

JASRAC の管理対象となっている場合は，JASRAC から許諾を受けて利用することが可能である。JASRAC の管理楽曲は，JASRAC のホームページ上にある J-WID により検索することができる。

　なお，学校行事のプログラムには，校歌の歌詞や楽譜を掲載することが多いと思われる。校歌も音楽の著作物（10 条 1 項 2 号）であり，その著作者が著作権を有しているため，学校が自校の校歌を複製する場合も，著作権者の許諾が必要となる。

　JASRAC の著作権信託契約約款によれば，委託者はその有する全ての著作権および将来取得する全ての著作権を JASRAC に移転し，JASRAC がその著作権を管理することとなっているため（同 3 条参照），JASRAC に著作権の管理を委託している作詞家・作曲家に校歌の作成を依頼した場合，その校歌は，原則として，JASRAC の管理楽曲となり，学校が校歌を利用する場合にも，原則として，JASRAC の許諾が必要となる。ただし，校歌については，同約款上特別な取り扱いが認められており，著作者が校歌の依頼主である学校に著作権を譲渡すること（同 10 条 1 号参照）や，著作者が JASRAC の承諾を得て，校歌の依頼主である学校に対し，依頼目的として掲げられた一定の範囲の使用を認めること（同 11 条 1 項 3 号参照）が可能とされている。ゆえに，学校が著作者から著作権の譲渡を受けた場合や，著作者が JASRAC による管理を留保・制限している場合には，学校は使用料を支払うことなく，校歌の複製を行うことができる。学校が外部の作詞家・作曲家に校歌の作成を依頼する場合には，校歌の利用に関して事前に取り決めを行っておくべきであろう。

Q65.

運動会や文化祭で生徒が著作物を実演する様子を録音・録画し，その複製物を生徒に配布したり，自校のウェブサイト上で動画として配信したりする場合，著作権者の許諾が必要か。

A.

必要である。

 解説

学校の運動会や文化祭で行われる著作物の実演については，38条1項により上演・演奏権が制限されるため，著作権者の許諾を要しないが，著作物の実演を録音・録画し，その複製物を作成する場合や，自校のウェブサイト上で動画として配信する場合は，別途，複製権（21条）や公衆送信権（23条1項）が問題となる。これらはいずれも行事のための使用を目的としたものではないため，35条1項は適用されない。ゆえに，著作権者の許諾を要することになる。

Q66.

文化祭で既存の小説をもとに脚本を作成して演劇を上演する場合，著作権者の許諾は必要か。

A.

必要である。

 解説

著作物を公に上演する行為は，上演権（22条）の対象となるが，著作物を公に上演する場合でも，①営利を目的とせず，②観衆から料金を受けず，③上演を行う者に報酬が支払われない場合には，上演権が制限される

（38条1項参照）。学校の文化祭における著作物の上演は，通常，①～③の要件を満たすため，同条が適用され，著作権者の許諾は不要である。

　ただし，これは，既存の著作物をそのまま上演する場合の話である。小説から脚本を作成して上演する場合は，小説のストーリーを利用しつつ，場面の組み方やせりふ等に独自の創作的な工夫が凝らされることが多い。このように，既存の著作物に創作的な脚色・変更を加える行為を著作権法上「翻案」といい，「翻案」して作成された新たな著作物を二次的著作物（2条1項11号）という。著作者は，二次的著作物の作成（27条）・利用（28条）についても権利を有するため，二次的著作物を作成し，これを利用する場合には，著作権者の許諾が必要となる。著作権法は，各制限規定の適用がある場合に，同時に著作物を翻案して利用することを認めることがあるが，38条1項の適用がある場合については，著作物を翻案して利用することを認めていないため（47条の6第1項参照），学校の文化祭で小説をもとに作成した脚本を上演する場合には，小説家の許諾を得ることが必要となる。

　また，著作者は，著作権とは別に，著作者人格権を有しており，著作者人格権には，氏名表示権（19条）や同一性保持権（20条）が含まれている。

　氏名表示権とは，著作物の公衆への提供または提示に際し，著作者名を表示するか否かを決定する権利であり（19条1項参照），著作者が著作物につき既に氏名を表示している場合，著作物の利用者は，その表示に従って著作者名を表示することが必要となる（19条2項参照）。著作者は，自己の著作物をもとに作成された二次的著作物の提供・提示に際しても，氏名表示権を行使することができるため（19条1項第2文参照），小説をもとに作成した脚本を上演する場合には，小説家の氏名を表示することが必要となる。

　同一性保持権とは，著作物およびその題号の同一性を保持し，意に反する改変を受けない権利である（20条1項参照）。小説をもとに脚本を作成する場合には，小説の表現が必然的に改変されることになるため，同一性保持権侵害の問題が生じうる。著作権法は，著作物の性質ならびに利用の目的および態様に照らしやむをえないと認められる改変については，同一性保持権の侵害とならないとしているが（20条2項4号参照），上述の通り，38条1項により著作物を上演することができる場合でも，著作物を翻案して上演することが認められてい

ないことに鑑みると，脚色による改変は，やむをえない改変とはいい難いであ
ろう。ゆえに，小説をもとに作成した脚本を上演する場合には，小説家から改
変を含めた上演の許諾を受けておく必要があろう。他方で，既存の脚本をその
まま上演する場合でも，上演時間や役者の人数等の制約のため，脚本の一部を
削除，修正する必要が生じうるが，この場合は，38条1項により脚本を上演
すること自体は可能であり，上演の実施に伴う時間的，人的な制約のために脚
本の一部を削除・修正する現実の必要性があることから，脚本の一部が改変さ
れていることが観覧者に明示されており，かつ，脚本の制作意図を損なわない
相当な態様で改変が行われているならば，やむをえない改変に該当すると解す
るべきである。

　なお，小説をもとに作成した脚本を上演する場合でも，小説の主題・テーマ
や登場人物の設定が共通しているだけで，具体的なストーリーやせりふが全く
異なっているならば，脚本は小説の二次的著作物ではなく，完全に独立した著
作物となるため，脚本の上演につき，著作権者ないし著作者の許諾は一切不要
となる。

Q67.
　高校の文化祭でクラスの出し物の宣伝を行うために，アニメのキャ
ラクターを使った看板やポスターを制作する場合，著作権者の許諾が必
要か。

A.
　不要である。ただし，ポスターを大量に作成して来校者に配布する
場合には，許諾が必要である。

解説　アニメのキャラクターも，美術の著作物（10条1項4号）であり，ア
　　　ニメのキャラクターをポスターに複製する行為は複製権（21条）の対
象となるが，文化祭は学校行事であるため，文化祭のために著作物を複製する

行為は，35条1項の要件を満たせば，複製権が制限されることになる。高校の文化祭において，クラスの出し物を宣伝するために，キャラクターを複製する場合には，授業の目的上「必要と認められる限度」での複製といいうるし，文化祭の看板やポスターにキャラクターが掲載されても，通常は，「著作権者の利益を不当に害する」ことにもならないため，同条が適用され，著作権者の許諾は不要といえる*5。もっとも，ポスターを大量に複製して来校者全員に配布するような場合には，「著作権者の利益を不当に害する」おそれがあるため，著作権者の許諾が必要になると解される。また，本条は，あくまで「教育を担任する者及び授業を受ける者」が著作物を複製する場合に適用されるものであるから，キャラクターを用いた看板やポスターの制作を外部の業者に委託する場合には，著作権者の許諾が必要となる。

キャラクターを用いた看板やポスターを制作する場合には，キャラクターに創作的なアレンジが加えられることも少なくない。キャラクターに創作的なアレンジを加える行為は，著作権法上「翻案」に該当するが，著作権法は，35条1項により著作物を複製することができる場合には著作物を翻案することができると規定しているため（47条の6第1項1号参照），文化祭の看板やポスターを制作する際にキャラクターに創作的なアレンジを加えることも可能である。

ただし，キャラクターにアレンジを加えることは，著作物の改変に当たるため，別途，同一性保持権（20条1項）の侵害が問題となる。同一性保持権の侵害となるか否かは，著作物の改変がやむをえない改変といえるか否かにより決せられる（20条2項4号）。著作権法が学校の文化祭で著作物を利用する際に翻案して利用することを認めた以上，著作物の改変がなされることは織り込み済みといえるから，元の著作物の制作意図を損なわない相当な態様で改変が行われていれば，やむをえない改変に該当すると解するべきである。もちろん，キャラクターのイメージを歪曲し，著作者の名誉・声望を毀損するような改変は，やむをえない改変とはいえず，同一性保持権の侵害となる。なお，著作物

---

*5　なお，著作者は展示権（25条）を有するが，展示権は美術の著作物の原作品の展示にしか働かないため，キャラクターの複製物である看板やポスターを校内に展示しても，展示権の問題は生じない。

を改変しない場合でも，著作者の名誉または声望を害する方法により著作物を利用する行為は著作者人格権を侵害する行為とみなされるため（113条11項），キャラクターを複製したポスターや看板をキャラクターのイメージを毀損する態様で使用することは許されないことに注意する必要がある。

Q68.

オープンキャンパスの模擬講義において，著作物をスクリーンに投影しながらその内容を解説する場合，著作権者の許諾が必要か。

A.

引用（32条1項）の要件を満たす場合，著作権者の許諾は不要である。

解説　著作物をスキャンする行為は複製に，その画像をスクリーンに投影する行為は上映に該当し，それぞれ複製権（21条），上映権（22条の2）の対象となる。

オープンキャンパスの模擬講義は，学校が参加者から料金を徴収せず，講義を担当する教員に講演料を支払わずに行われるものであるため，著作物の上映については，著作権者の許諾は不要である（38条1項参照）。

一方，オープンキャンパスの模擬講義は，通常の授業とは異なり，受験希望者に対する学校の広報活動の一環として行われるものであるため，35条1項の「授業」に該当せず[6]，同条は適用されない。

もっとも，記事や写真が講義の説明の補助資料として使用されており，複製の分量や態様が説明の内容に照らして合理的なものであれば，適法な引用（32条1項）と評価され，著作権者の許諾なく複製することができる（詳細は，

---

*6　前掲注4・7頁では，同条の「授業」に該当しない例として，「入学志願者に対する学校説明会，オープンキャンパスにおける模擬授業等」が挙げられている。

→ p. 158 以下参照）。ただし，講義や講演等で著作物を引用する場合は出所明示を行うことが一般的*であるため，模擬講義で著作物を引用して利用する場合には，著作物の出所の明示（著作者名の表示）を行うことが必要である（48条1項1号・3号・48条2項参照）。

第4節　ウェブサイトにおける利用

Q69.

新聞・雑誌等に掲載された自校の紹介記事をウェブサイトに掲載する場合，著作権者の許諾が必要となるか。

A.

必要である。

解説　新聞・雑誌等の記事をコピーする行為は複製（2条1項15号）に，記事をウェブサイトに掲載して公衆の閲覧に供する行為は公衆送信（2条1項7号の2）に該当し，それぞれ複製権（21条），公衆送信権（23条1項）の対象となる。ウェブサイトに掲載する目的で著作物を複製する行為は私的複製（30条1項）に当たらないし，公衆送信については，非営利かつ無償で行われるものでも，それだけでは著作権は制限されないため（38条参照），学校が自校のウェブサイトに著作物を掲載する場合には，原則として，著作権者の許諾が必要となる。もっとも，記事とともにその内容を説明する文章を掲載している場合には，適法引用（32条）に該当する余地がある（詳細は第5章参照）。

Q70.

生徒が図工の時間に作成した版画がよくできているので，自校のウェブサイトに掲載したいが，生徒の許諾が必要か。

A.

必要である。

 解説　生徒が作成した版画は美術の著作物（10条1項4号）であり，生徒は版画について著作権を有している。版画を複製し，ウェブサイトに掲載する行為は，複製権（21条），公衆送信権（23条1項）の対象となるため，学校が生徒の版画をウェブサイトに掲載する場合には，生徒の許諾を得る必要がある。なお，生徒は未成年者（民法4条）であるため，**未成年者が著作物の利用を許諾する場合には，法定代理人の同意が必要となる**（民法5条1項参照）。法定代理人は，通常，両親である（民法818条参照）。

Q71.

外部の業者に製作を委託した自校のウェブサイトについて，デザインを改良したり，業者の制作にかかるコンテンツ（写真・イラスト等）を自校の広報資料に使用したりする場合に，業者の許諾が必要か。

A.

必要である。

 解説　著作物の制作を外注した場合，外部の業者が著作者（2条1項2号）として著作権を取得する。**著作物の制作委託契約は，著作権の譲渡を当然に含むものではないため，契約の段階で，著作権の譲渡の合意をしていなけ

れば，著作権は業者に帰属したままである。ゆえに，学校がウェブサイトのコンテンツを二次利用する場合には，業者の許諾が必要となる。コンテンツの二次利用が想定される場合には，事前に，著作権の譲渡契約や利用許諾契約を別途，締結しておくことが望ましい。

　また，業者はウェブサイトの著作者として著作者人格権を有している。ウェブサイト全体も1つの著作物であるから，ウェブサイトの基本的なデザインを維持しつつ，部分的な修正，変更を行う場合には，同一性保持権（20条1項）侵害の問題を生じうる。ゆえに，ウェブサイトのデザインを修正，変更する場合には，業者の許諾を得る必要がある。

第5節　入試問題における利用

1　入試問題の作成

Q72.

大学が国語の入試問題を作成するために，小説の一部を複製する場合，著作権者の許諾が必要か。

A.

不要である。

解説　著作権法36条1項は，入学試験等の人の学識技能に関する試験を実施するために，公表された著作物を，必要と認められる限度において，複製または公衆送信することを認めている。入学試験を適正に実施するためには，問題の内容を秘匿する必要があり，事前に著作権者の許諾を得ることが困難であること，試験問題として著作物を利用する行為は，通常，著作権者による著作物の利用に影響を与えるものではないことから，入学試験の実施のため

に著作物を利用することを可能としたものである（〔小学校国語教科書準拠テスト事件*7〕参照）。

　本条は，利用可能な著作物の種類を特に限定していないため，公表された著作物であれば，小説，論文等の言語作品はもとより，写真，図形，イラスト，楽譜等も利用することができる。

　本条は，著作物の複製に加え，公衆送信についても，権利の制限を認めている。最近では，インターネットを利用して試験を実施するというケースもみられることから，平成 15 年の法改正により，公衆送信も権利制限の対象に加えられることとなった。もっとも，複製については，試験の目的上，必要と認められれば，本条が適用されるが，公衆送信については，試験の目的上必要と認められることに加え，著作物の種類および用途ならびに当該公衆送信の態様に照らし，著作権者の利益を不当に害しない場合に限り，本条が適用される（但書参照）。複製は，試験の目的上必要な範囲で行われる限り，著作権者による著作物の利用に影響を及ぼさないと定型的に評価できるのに対して，公衆送信は，簡易な手段で多数の者に著作物を伝達するものであり，著作権者による著作物の利用に実質的な影響が及ぶ場合も想定されることから，著作権者に及ぼす不利益が大きい場合には権利制限を認めないこととしたものである。例えば，英語のヒアリング用 CD のように，各試験会場でそれぞれ購入して使用することを前提に販売されている著作物を 1 本購入して，インターネットにより公衆送信する場合は，著作権者の利益を不当に害するものとして本条が適用されないことになる。

　著作権法は，本条により著作物を複製することができる場合には，翻訳して利用することができるとしている（47 条の 6 第 1 項 2 号・同 2 項参照）。ゆえに，例えば，英語の文章を日本語に翻訳して，国語の試験問題として出題することも可能である。

　また，著作権法は，本条により作成された著作物の複製物を公衆に譲渡する行為について譲渡権の制限を認めているため（47 条の 7 参照），学校が試験の実施のために試験問題を受験者に配布する場合にも，著作権者の許諾は不要であ

---

*7　東京地判平成 15 年 3 月 28 日判時 1834 号 95 頁。

る。

Q73.
試験問題として著作物を利用する場合に，出所の明示は必要か。

A.
必要である。

解説　著作権法は，各制限規定に基づいて著作物を利用する場合に，利用者に対し，著作物の出所を明示する義務を課している（48条１項参照）。36条１項に基づいて著作物を利用する場合には，「出所を明示する慣行があるとき」に出所を明示しなければならないとされている（48条１項３号参照）。

「出所を明示する慣行があるとき」とは，社会通念に照らして，出所の明示をすることが通常であるような場合をいうとされる。入試問題において著作物を利用する場合には，著作物名や著作者名を問う問題を出題する場合を除いて，出所明示が一般に行われており，出所明示を行うことが可能かつ適切でもあるため，出所明示義務があると解すべきであろう[8]。辞書の例文などの短い文章であっても，著作物性（→ p.002）が認められるのであれば，出所を明示するべきである。

出所の明示は，著作物の利用の態様に応じ，合理的と認められる方法および態様により行わなければならない。出所の明示は，元の著作物が何で，どこから引いてこられたのかを明らかにするためのものであるから，最低限，著作物の題号，著作者名，出版社名や掲載雑誌名は表記される必要がある。もっとも，新聞の紙面全体を複製する場合のように，著作物の利用に伴い，著作者名が自ずと明らかになるような場合や，著作物が無名の場合には，著作者名を表示す

---

[8]　なお，公益社団法人日本文藝家協会が大学等に宛てた「入試問題に関する要望書」（2020年7月）では，出典（著作者名・翻訳者名・作品名等）の明示が強く要望されている。

る必要はない（48条2項参照）。著作権法は，36条1項により著作物を複製する場合に**翻訳**して利用することも認めているが（47条の6第1項2号・同2項参照），その場合には，**原著作物の出所を明示することが必要**となる（48条3項参照）。なお，著作者は，氏名表示権（19条1項）を有しているが，著作者が既に表示している著作者名を表記して出所の明示を行えば，氏名表示権の問題も同時にクリアすることができる（19条2項参照）。

　出所の明示は，著作権を制限する要件ではないため，出所明示義務に違反しても，各制限規定の要件を満たしている限り，著作権侵害となることはない。しかし，出所明示義務に違反した者には，50万円以下の罰金が科されるため，注意する必要がある（122条参照）。

Q74.
入試問題の作成にあたって，著作物を改変することは認められるか。

A.
問題の性質上改変が必要であり，かつ，元の著作物の制作意図を損なわない相当な態様で改変が行われていれば，許容される。

解説　著作者は，著作者人格権の1つとして，同一性保持権（20条1項）を有している。同一性保持権とは，著作者の意に反する著作物の変更，切除，その他の改変を禁止する権利であり，その趣旨は，著作物にあらわれた著作者のこだわりを保護することにある。**著作者の意に反する改変がなされていれば，改変が著作物の価値や評価に影響を与えるものでなくても，原則として，同一性保持権の侵害が成立する。**もっとも，**著作物の性質，利用の目的および態様に照らしやむをえないと認められる改変については，同一性保持権の侵害とはならない**（20条2項4号参照）。

　入試問題の作問に際しては，著作物を改変して利用することが多いため，同一性保持権の侵害が問題となりうる。

著作権法が入試の実施のために著作物を利用することを認めた以上，著作物の利用に伴ってある程度改変が行われることは織り込み済みであるといえるから，問題の性質上著作物の改変が必要であり，かつ，元の著作物の制作意図を損なわない相当な態様で改変が行われていれば，やむをえない改変と認められるべきである。

　例えば，国語の入試問題において，虫食いや文章の並び替えが行われたりすることがあるが，この種の改変は試験の目的上必要なものであるし，受験者が改変の事実を認識でき，元の著作物の内容が受験者に誤って伝わるおそれもないため，やむをえない改変ということができる。国語や英語の入試問題では，長文の著作物の一部を省略して利用するということがあるが，これも，省略が元の著作物の文意を損なわない適切な態様でなされており，〈中略〉等の表記を用いて，受験者が省略の事実を認識できるようになっていれば，やむをえない改変に当たるといってよいであろう[*9]。

　国語や英語の入試問題では，難解な用語を平易な用語に書き換えたり，難解な文章を平易な文章に書き下したりするということも想定される。著作権法は，著作物を教科用図書等に掲載する際の用字・用語の変更で，学校教育の目的上やむをえないと認められるものについては，同一性保持権の制限を明文上認めているが（20条2項1号参照），入試問題に著作物を利用する際の用字・用語の変更については特に規定していないため，ケース・バイ・ケースの判断に委ねられることになる。ただ，一般に，用語や文章の書き換えが行われると，原文のニュアンスが受験者に誤って伝わるおそれがあるし，試験問題では，書き換えを行わずに，問題の末尾に注釈として説明を付すことも可能であるから，用語・文章の書き換えは，やむをえない改変とはいえない場合が多いと思われる。

[*9]　なお，前掲注8・「入試問題に関する要望書」では，「試験の実施のためにやむを得ないと認められる範囲以上に作品を改変しないこと」が強く要望されており，特に，「文章を切り取り，中略の表記なしに繋ぎ合わせ，原文にない接続詞などを補い出題されることはご遠慮ください」と述べられている。

Q75.

入試問題において，著作物を要約して利用することは可能か。

A.

要約が元の著作物の文意を損なわない相当な態様で行われており，かつ，要約がなされていることが明示されていれば，可能と解する。

解説　　利用する著作物の記述の対象が広範に及ぶ場合には，著作物を要約して利用するということが想定される。例えば，小論文の入試問題において，著作者の主義・主張に対する受験者の意見を論述させる場合に，著作物の要旨をまとめた文章を利用するということが考えられる。

要約した文章がごく簡潔なものであって，元の著作物の表現上の本質的特徴を直接感得させないようなものであるならば，著作権法上の問題を生じることはない[*10]。一方，要約した文章がある程度の長さを有し，文章に盛り込まれた情報の選択や，文章の構成，文体，言い回し等が元の著作物と共通しており，元の著作物の表現上の本質的特徴を直接感得させる場合には，要約は，著作権法上「翻案」と評価され，元の著作物の権利が及ぶことになる[*11]。

著作権法は，36条1項により試験問題として複製する場合には，翻訳して利用することができるとのみ規定しているため（47条の6第1項2号参照），著作物を翻案したものを試験問題に利用することは認められない。そうすると，著作物の要約が「翻案」に当たる場合には，著作物を要約して試験問題に利用することも認められないということになるであろう。

▶裁判例　　もっとも，裁判例では，著作物を要約して自己の作品中に引用す

[*10]　判例では，38行にわたる文章の内容の一部をわずか3行に要約したものについて，元の文章の表現形式上の本質的な特徴を感得させる性質のものではないとして同一性保持権の侵害が否定されている（最判平成10年7月17日判時1651号56頁〔雑誌「諸君！」事件〕参照）。

[*11]　裁判例では，新聞記事の要約について著作権侵害を認めたものがある（東京地判平成6年2月18日判時1486号110頁〔日経コムライン事件〕参照）。

る行為について，著作権法が「翻案」による引用を認めていないにもかかわら
ず（47条の6第1項2号参照），要約引用を適法と認めたものがある（〔血液型と
性格事件*12〕参照）。判決は，引用の場合に「翻案」による利用が認められてい
ないのは，脚色または映画化のように異種の表現形式へ変換したり，物語の時
代や場所を変更する等典型的な翻案をしたうえで引用したりすることが通常考
えられないためであるのに対し，要約による引用は，これら典型的な翻案とは
異なり，これを認める現実の必要性があり，社会的にも広く一般に行われてい
るから，43条2号（現47条の6第1項2号）には，翻案の一態様である要約に
よって利用する場合を含むものと解すべきであると述べている。このような考
え方は，入試問題のための著作物の利用についてもそのまま当てはまるであろ
う。すなわち，入試問題においても，出題の内容・形式によっては，要約によ
る利用を認める必要があり，その一方で，要約が元の著作物の趣旨を正確に反
映したものであれば，著作権者に特段の不利益を生じるというものでもないか
ら，前述の裁判例によれば，要約による利用も許されるべきであるということ
になる。

　要約による利用は，著作物の改変を伴うため，同一性保持権（20条1項）の
侵害も問題となる。要約による利用が同一性保持権の侵害となるか否かは，試
験の目的上やむをえない改変に当たるかどうかにより決せられる。要約引用を
認めた前述の裁判例では，要約引用は著作物を改変して利用することを当然の
前提としたものであるから，要約引用に伴う改変はやむをえない改変に当たる
として，同一性保持権の侵害を否定している。このような解釈によれば，試験
問題のために著作物を要約して利用する場合も，要約に伴う著作物の改変は，
同一性保持権の侵害とならないと解することができよう。もっとも，著作物を
要約して利用する場合には，要約した文章が元の著作物と誤認されることのな
いように要約の事実を受験者に摘示すべきであり，また，元の著作物の文意が
受験者に誤って伝わることのないように，正確な要約が行われるべきである。
要約した文章が元の著作物と混然一体となっているような場合や，要約が元の
著作物の文意を損なう不正確なものである場合には，要約に伴う改変はやむを

---

*12　東京地判平成10年10月30日判時1674号132頁。

えない改変とはいえないであろう。

Q76.
学校が試験問題の作成を外部の教育事業者に委託した場合も，著作権法 36 条 1 項の適用はあるか。

A.
適用がある。

解説　近年，試験問題の作成を外部の事業者に委託するケースが増えてきているが，このような場合も，36 条 1 項が適用され，著作物の利用が認められるのであろうか。

同条は，著作物の複製等を行う者を特に限定していないし，実際上も，学校が自ら作問するよりも，専門の事業者に作問を委託した方が適切な問題を作成することができることがあるから，学校による入学試験の適正な実施を可能にするという同条の趣旨に鑑みれば，外部の事業者に作問を委託した場合にも，同条の適用があると解すべきである。

もっとも，同条は，あくまで学校が入学試験を実施するために著作物の複製等を行うことを認めたものであるから，同条の適用が認められるためには，作問が委託者である学校の管理のもとに行われていると評価できることが必要である。ゆえに，外部の事業者が独自に試験問題を作成して学校に提供するという場合には，同条の適用は認められないものと解される。

なお，外部の事業者が学校の管理のもとに作問を行う場合には，著作物の複製が直接的には外部の事業者によってなされるとしても，学校も，著作物の複製について法的な責任を負うことになる。ゆえに，著作物の複製が試験の目的上必要な限度を超えているなど，著作権侵害の問題を生じた場合には，学校自身の侵害責任が問われるということに留意する必要がある。

2 過去問の利用

Q77.

学校が著作物を利用して作成した入試問題の過去問を，自校の受験希望者のために，コピーして配布したり，自校のウェブサイトに掲載する場合，著作権者の許諾は必要か。

A.

必要である。

解説 　36条1項は，入試問題の実施のために必要な限度で著作物の複製を認めているが，これは，内容の秘匿性を要する入試問題の性格上，事前に著作権者の許諾を得ることが困難であることによるものである。ゆえに，学校が入試の実施後に著作物を複製または公衆送信する場合には，同条の適用はない。学校が受験希望者のため，過去問をコピーして配布したり，自校のウェブサイトに掲載したりする場合には，著作権者の許諾が必要となる[*13]。

なお，文部科学省が各大学に宛てた「入学者選抜実施要項」では，個別学力検査における入試問題やその解答については，当該入試の実施以降に受験者や次年度以降の入学志願者が学習上参考にできるようにするため，試験問題およびその解答については，原則として公表するものとされているが，試験問題中の著作物の権利処理が困難である場合には，著作物名を記述すること等により問題の内容が明らかになるよう努めることとされている。著作物の利用につき著作権者の許諾が得られなければ，著作物そのものを利用することはできないが，入試問題に著作物を使用した事実を公に告知することは可能であるため，

著作物の利用部分を削除したうえで，出典を明示し，受験希望者等が出題の対象となった著作物に自らアクセスできるように配慮すべきであろう。

Q78.

入試の過去問の残部を受験希望者に配布する場合，許諾は必要か。

A.

不要である。

解説 著作者は，譲渡権（26条の2）を有している。譲渡権とは，著作物の原作品または複製物を譲渡により公衆に提供する権利である。ただし，36条1項の適用を受けて作成された著作物の複製物の譲渡については，譲渡権の制限が認められている（47条の7参照）。入学試験のために著作物を複製等することが認められても，試験問題の複製物を受験者に譲渡できなければ，入試を実施することができず，複製権の制限を認めた趣旨が没却されるため，複製権とともに譲渡権の制限も認められているのである。

36条1項の趣旨が入試の適正な実施を可能とすることにあるとすると，入試の実施を目的とした複製物の譲渡についてのみ，譲渡権を制限すれば足りるように思われるが，著作権法は，36条1項の適用を受けて作成された複製物の譲渡について，譲渡の目的を限定することなく譲渡権の制限を認めている。ゆえに，入試の実施のために作成された複製物を，入試の実施以外の目的で譲渡した場合にも，譲渡権が制限され，著作権者の許諾を要しないことになる。例えば，学校が入試の実施後に過去問の残部を出版社や受験希望者に配布することも許されることになろう。

もっとも，入試のための著作物の複製は，入試の目的上必要と認められる限度で行わなければならないから，当初から過去問の残部配布を念頭に置いて，入試問題を大量に印刷したような場合は，36条1項および47条の7の適用はなく，複製権および譲渡権の侵害が成立することに注意する必要がある。

Q79.
教材出版社から自校の過去の入試問題を市販の学習参考書に利用したいとの照会を受けた場合，無条件で許諾してよいか。

A.
許諾の対象が学校の作成にかかる問題に限定されていることを明らかにすべきである。

解説　入試問題は，通常，複数の問題から構成されている。**個別の問題に創作性があれば，その問題は著作物として保護されるし，入試問題を全体としてみた場合に，問題の選択，配列に創作性が認められれば，入試問題は編集著作物（12条１項）として保護される**（〔四谷大塚進学教室事件*14〕参照）。

著作者とは「著作物を創作する者」をいうが（２条１項２号），**法人等の従業者が職務上作成する著作物で，法人等の名義で公表されるものは，原則として，法人等が著作者となる**（15条１項）。入試問題は学校の名義で公表されるから，学校の教員が職務として入試問題を作成している場合には，学校が入試問題の著作者となる。ゆえに，教材出版社が入試問題の過去問を学習参考書に掲載する場合には，学校の許諾を得ることが必要となる。

入試問題に他人の著作物が利用されている場合，教材出版社は，学校の許諾に加えて，他人の許諾も得ることが必要となる。学校が特に留保を付さずに入試問題の利用を許諾すると，他人の著作物の利用部分を含めて許諾を与えたかのような誤解を生じるおそれがある。ゆえに，学校が過去問の利用を許諾する場合には，許諾の対象が学校の作成にかかる問題に限定されており，他人の著作物を併せて利用する場合には，別途，他人の許諾が必要となることを明らかにしておくべきである。

---

*14　東京地判平成８年９月27日判時1645号134頁。

第 5 章

研究・論文における
著作物利用と著作権

　本章では，研究活動や論文執筆において生じる問題について
解説する。他人の著作権を侵害しないようにするために守るべ
き「引用」のルールのほか，執筆した論文の著作権が誰に帰属
し，公表に際してどのような注意が必要になるかといった点，
さらには法的な問題に限らない研究倫理についても取り扱う。

〈谷川和幸〉

第1節　引用目的の利用（32条）

1　引用とは

Q80.

引用とは何か。引用の規定が教員の活動とどのように関わるか。

A.

教員が行う活動のうち，研究・論文執筆の場面での他人の著作物の利用に関わるのが引用の規定（32条）である。引用とは，論文など自己の著作物のなかに他人の著作物を採録することを意味する。適法な引用と認められるためにはいくつかの要件（必要条件）を全て満たす必要がある。

第5章　研究・論文における著作物利用と著作権

解説

教員の活動の三本柱は，教育・研究・その他の学内活動であろう。このうち教育については第2章および第3章で，入試その他の学内活動については第4章で扱った。本章では研究活動における他人の著作物の利用について取り扱う。研究活動それ自体は「授業の過程における使用」ではないので，35条によって他人の著作物を利用することはできない。そのかわりに32条による引用としての利用が可能かどうかを検討することになる。

　著作権法32条1項は，いくつかの要件を満たした場合に他人の著作物を「引用して利用することができる」と規定している。もっとも，そこでいう「引用」がどのような意味であるのかについては自明ではない。この点に関し，最高裁は，「引用とは，紹介，参照，論評その他の目的で自己の著作物中に他人の著作物の原則として一部を採録することをいう」と説明している〔パロディ・モンタージュ事件[*1]〕。

　ただし，紹介等の目的で他人の著作物を採録することが無条件に許されるわ

けではない。良い曲だからみんなに聞いてほしいとか，面白い漫画だからみんなに読んでほしいといって他人の音楽や漫画を紹介することが無条件に許されるとすると，世の中はそのような紹介で満ち溢れることになり，もとの音楽や漫画の売り上げに看過できない悪影響を及ぼすことになってしまうだろう。

　そのため，他人の著作物を紹介等することが著作権法上，適法な引用と認められるために満たすべきいくつかの要件が定められている。これらの諸要件を正確に理解することが重要となる。

Q81.

どのような要件を満たせば，適法な引用と認められるか。

A.

　　最高裁が示した解釈によれば，(1)明瞭区別性と(2)主従関係が必要である。また32条1項の条文上は，(3)公表された著作物であること，(4)公正な慣行に合致すること，(5)引用の目的上正当な範囲内で行われることが必要である。さらに，他の条文との関係で，(6)出典を表示すること，(7)改変の禁止が求められると考えられている。

　もっとも最近は，古い最高裁判例の立場に従うことなく，より柔軟に引用の成否を判断すべきであるという考えも有力になっており，こちらの立場に立つ知的財産高等裁判所の判決も登場している。

解説

▶裁判例　　〔パロディ・モンタージュ事件〕最高裁判決は，先に紹介した「引用」の定義に続けて，次のように述べた。

　|「引用にあたるというためには，(1)引用を含む著作物の表現形式上，引用して

---

*1　最判昭和55年3月28日民集34巻3号244頁。

利用する側の著作物と，引用されて利用される側の著作物とを明瞭に区別して認識することができ，かつ，(2)右両著作物の間に前者が主，後者が従の関係があると認められる場合でなければならない」〔番号は筆者による〕

ここでは2つの要件が挙げられている。第1に，引用して利用する側と引用されて利用される側のそれぞれの著作物がどの部分なのかを明瞭に区別して認識できること（(1)明瞭区別性）である。**どの部分が引用部分で，どの部分が自分の表現なのかを明瞭に区別できるような引用の仕方が求められる。**

第2に，引用して利用する側が「主」，引用されて利用される側が「従」という関係（(2)主従関係）が必要である。引用においては，**引用して利用する側が主（メイン）であり，引用部分はあくまでも従（サブ）でなければならない**のである。面白い漫画を単に紹介するというのでは，引用部分の漫画こそがメインになってしまうため，主従関係が認められず，適法な引用とは認められない。

〔パロディ・モンタージュ事件〕最高裁判決が挙げた上記の2つの要件は，32条1項の条文中の「引用」という言葉を解釈したものだと理解されている。すなわち32条1項第1文は「公表された著作物は，引用して利用することができる」と規定しているところ，ここでいう「引用」に当たるためには明瞭区別性と主従関係を満たす必要があるのである。これらを満たさない利用方法はそもそも「引用」と呼ぶに値しないものであり，その他の要件の検討に進むまでもなく適法引用とは認められない。そしてこの第1文からはさらに，(3)**公表された著作物であること**という要件が導かれる。

これらに加えて，32条1項第2文にはさらに2つの要件が挙げられている。すなわち「その引用は，(4)**公正な慣行に合致するものであり，かつ，(5)報道，批評，研究その他の引用の目的上正当な範囲内**で行なわれるものでなければならない」〔番号は筆者による〕。明瞭区別性，主従関係，公表された著作物という要件を満たした「引用」であることを前提に，さらにそれが公正な慣行に合致し，目的上正当な範囲内で行われるものに限って適法引用と認められるのである。

さらに，48条によって，**引用する著作物の出所（出典）を，合理的と認められる方法および程度により明示する**ことが求められている（(6)出所明示義務）。

最後に，著作者には同一性保持権（20条）や名誉声望保持権（113条11項）

があるので，引用に際しては著作者のこれらの権利への配慮も必要である。具体的には，**引用個所に勝手な変更を加えたり，著者の真意を誤解させるような方法で一部を切り取ったりすることは避けなければならない**（(7)改変の禁止）。

▶応用　　2要件説から新2要件説，総合考慮説へ

　〔パロディ・モンタージュ事件〕最高裁判決が示した引用の要件は明瞭区別性と主従関係の2つだけである。この2要件のみによって適法引用の成否を決するという立場は「2要件説」と呼ばれる。しかしこれは明らかに32条1項の条文に適合しない。32条1項にはほかにも様々な要件が書かれているからである。なぜ2要件説が条文の文言を無視しているのかというと，この最高裁判決は旧著作権法（明治32年に制定されて昭和45年に全面改正されたもの）の条文を前提にしたものだからである。

　そこで最高裁判決の2要件を維持しつつ，これを現行著作権法の文言に適合するように取り込む見解が現れた。それが「新2要件説」と呼ばれる立場であり，上記 解説 はこの立場から記述したものである。ここでは32条1項第1文の「引用」という文言を明瞭区別性と主従関係の2要件から構成されるものだと解釈することで，最高裁判決と現行著作権法の条文との調和が図られている。

　これに対し，現行著作権法とは異なる旧著作権法の条文を前提に下された古い最高裁判決の立場を維持する必要はないとの批判も強い。現行著作権法の条文に明記されている要件は，(3)公表された著作物，(4)公正な慣行に合致するもの，(5)報道，批評，研究その他の引用の目的上正当な範囲内で行われるものの3つだけであり，2要件説や新2要件説が明瞭区別性や主従関係といった要件の中で考慮してきた様々な事柄（引用される側の著作物の性質，引用する側の著作物の性質，引用する側の利用態様，利用目的，利用された分量など）は(4)と(5)の要件の中で考慮することが可能である。そのように考えることにより，もはや明瞭区別性や主従関係は現行法上の要件としては不要となる。現行著作権法の条文に忠実に，そこに書かれた要件の中で諸事情を総合的に考慮すれば足りるとする見解は「総合考慮説」と呼ばれており，近時はこの立場が有力となりつつある[*2]。

　裁判例にも総合考慮説に立つものが増え始めている。なかでも象徴的なものが〔美術鑑定書事件[*3]〕である[*4]。絵画の鑑定業務を行う被告が鑑定書を作成

するとともに，その裏面に鑑定対象の絵画（原告が著作権を有するもの）を原告の許諾を得ずに縮小カラーコピーして貼り合わせ，パウチラミネート加工を施して鑑定依頼者に交付したという事案において，知的財産高等裁判所は引用の判断手法について次のように述べた。

> 「他人の著作物を引用して利用することが許されるためには，引用して利用する方法や態様が公正な慣行に合致したものであり，かつ，引用の目的との関係で正当な範囲内，すなわち，社会通念に照らして合理的な範囲内のものであることが必要であり，著作権法の上記目的をも念頭に置くと，引用としての利用に当たるか否かの判断においては，他人の著作物を利用する側の利用の目的のほか，その方法や態様，利用される著作物の種類や性質，当該著作物の著作権者に及ぼす影響の有無・程度などが総合考慮されなければならない。」

ここでは明瞭区別性や主従関係といった最高裁判決に由来する要素は挙げられておらず，条文に書かれている(4)(5)要件の中で諸事情を総合考慮する立場が明示されている。そのうえで裁判所は，鑑定書に鑑定対象の絵画を添付することが必要・有用であること（引用の目的），パウチラミネート加工されていることにより絵画部分だけが分離して利用されるおそれがないこと，鑑定書が絵画本体と別に流通することも考えられないこと（利用方法・態様）などの事情を挙げて適法引用の成立を肯定した。

　この事例が示すように，「引用」と聞いて思い浮かぶ典型的な事例（例えば論文中に批判対象の文章を採録すること）を超えて，美術鑑定書のような非典型的な利用方法をも柔軟に適法としうる可能性を秘めている点が総合考慮説の魅力であり，学説において支持者を増やしている理由でもある。

　このように総合考慮説が学説・裁判例の双方において有力になりつつある状

---

*2　飯村敏明「裁判例における引用の基準について」著作権研究 26 号（1999 年）91 頁，上野達弘「引用をめぐる要件論の再構成」半田正夫先生古稀記念論集『著作権法と民法の現代的課題』（法学書院，2003 年）307 頁。学説史を簡潔にまとめたものとして，山内貴博「引用」ジュリスト 1449 号（2013 年）73 頁。

*3　知財高判平成 22 年 10 月 13 日判時 2092 号 136 頁。

*4　同判決を詳細に検討した判例研究として，平澤卓人「鑑定証書への絵画のコピーの添付と著作権法上の『引用』」知的財産法政策学研究 43 号（2013 年）287 頁。

況にあるにもかかわらず，本章では新 2 要件説に従って個別の要件を解説していくことにする。その理由は，本章が想定する研究活動や論文執筆の場面での利用は伝統的に典型的な引用の場面であると考えられており，明瞭区別性・主従関係という伝統的な枠組みで判断することに馴染むからである[*5]。また総合考慮説はその名の通り諸事情を総合考慮することに特色があるが，この総合考慮の判断は現場で本書を必要としている研究者にとって曖昧であり，的確な判断を行うことが期待しづらい性質のものである。それゆえ，具体的な要件が比較的分かりやすいであろう新 2 要件説に基づいて説明することとした。

第 1 節　引用目的の利用（32 条）

Q82.

引用が適法と認められるためには，非営利での利用でなければならないか。

A.

非営利であることは要件となっていないので，営利目的があっても適法に引用することが可能である。

解説　35 条や 38 条などには非営利目的に限るという要件が課されている。これに対し引用に関する 32 条 1 項には営利目的を排除する文言はなく，非営利であることは要件となっていない。そのため，営利目的での引用も可能である。

　したがって営利目的で出版される商業出版物のなかに他人の著作物を引用することや，営利目的で行われる講演会などの資料として他人の著作物を引用することは可能である。実際，商業出版物や新聞報道において引用が認められた裁判例は複数存在している。

[*5]　田村善之『著作権法概説〔第 2 版〕』（有斐閣，2001 年）244 頁は，「批評，研究目的型」の引用については伝統的な 2 要件が引用の判断の際の一応の目安として穏当なものだと指摘する。

Q83.

引用をするためには事前に著作権者に許諾を得る必要があるか。利用したことの事後的な通知や，補償金の支払いは必要か。

A.

要件を満たした適法な引用であれば，著作権者の許諾は不要である。事後的に通知する法的義務はなく，補償金その他の金銭を支払う必要もない。

解説　全ての要件を満たす適法な引用である場合には，著作権者の許諾を得ずに他人の著作物を利用することができる。引用したということを事後的に通知する法的義務もない。また35条とは異なり補償金制度も導入されていないので，補償金その他の金銭を支払う必要もない。

なおしばしば「無断引用」という用語が用いられるが，無断引用は違法ではない。32条は無断引用を適法に行える要件を定めているのである。

Q84.

引用して利用できるのは，出版物の場合だけか。その出版物をインターネットで公開することはできるか。ホームページで引用をすることはできるか。

A.

引用して利用する方法には限定がないので，出版物のほか，放送やインターネット配信，学会報告でのスライド投影など，あらゆる媒体で利用することができる。

解説　35条では「複製」「公衆送信」「公に伝達」という方法が，38条1項では「上映」などの方法が指定されており，これらの方法でしか利用を行うことができない。これに対し32条1項には利用方法の限定がなく，あらゆる方法で利用することが可能である。出版（複製，譲渡）のほか，放送やインターネット配信（公衆送信），スライドの投影（上映），講演会の場での読み上げ（口述）など，利用の方法・媒体を問わない。

Q85.

引用（32条）の規定と，35条や38条などとの関係はどのように理解すればよいか。教育の場面で引用をすることはできるのか。

A.

32条，35条，38条などの権利制限規定は，それぞれ独立に適用の検討をすればよい。つまりいずれか1つでも適用が認められれば，その利用は適法となる。したがって教育の場面でも35条ではなく32条を根拠として利用することができる。この場合，32条には補償金支払義務がないので，補償金の支払いを要しない。

解説　第1章では著作権のある著作物について説明した。著作物を利用（複製，譲渡，公衆送信など）するためには，原則として著作権者の許諾が必要である。しかし著作権法上，著作権者の許諾を得ずに利用してもよいとされている場面がいくつか規定されており，これらの規定を権利制限規定と呼んでいる。第2章で扱った35条，第3章で扱った31条や38条，第4章で扱った36条，本章で扱う32条などはいずれも権利制限規定である。

権利制限規定は，いずれか1つでも適用できれば，無断利用が許される。権利制限規定相互に優劣関係はなく（ただし図書館内での図書館資料の私的複製の可否については議論がある。→ p. 109 参照），同一の場面に複数の権利制限規定が適用可能なこともある。

教育の場面での引用もその一例である。授業の過程で使用する資料の中に他人の著作物を採録して学生に配布することは，引用（32条）としても許されるし，教育目的の利用（35条）としても許される。引用として利用する場合には補償金支払義務はない。35条の存在意義は，主従関係を満たさないなど引用としては認められないような利用をする場合である。この場合には35条しか適用できないので，35条に従って利用し，補償金を支払う義務がある。

2　適法に引用するための諸要件

(1)　明瞭区別性

Q86.

明瞭区別性とは何か。明瞭区別性が認められるまたは認められない具体的な事例を示してほしい。

A.

〔パロディ・モンタージュ事件〕で最高裁が述べた「引用を含む著作物の表現形式上，引用して利用する側の著作物と，引用されて利用される側の著作物とを明瞭に区別して認識することができ」ること，という要件のことを明瞭区別性と呼んでいる。

どの部分が引用部分なのかを読者が明瞭に区別して認識できることが必要である。「」（カギカッコ）や囲み線などを用いて，どの部分が引用部分なのかを示すことが一般的である。例えば上の段落では「」（カギカッコ）を用いることで，最高裁が述べた文章（引用部分）と筆者の書いた部分を明瞭に区別している。

逆に，これらの区別のための目印がなく，どこが引用部分でどこが筆者の表現かが区別できないような場合には明瞭区別性が認められず，適法な引用に該当しない。

解説）　引用に当たるための第1の要件が明瞭区別性である。どこからどこまでが他人の著作物なのかを明瞭に区別できる態様で採録されていなければならない。これをせずに，あたかも自分が考えた文章であるかのように他人の文章を転載すると，引用とは認められず，剽窃（著作権侵害）となる。

　明瞭に区別するための方法には様々なものが考えられるが，文章中に文章を採録する場合には「」（カギカッコ）で括る方法が一般的である。囲み線で囲ったり，斜体にしたりフォントを変えたりといった方法もあるだろう。いずれにせよ一般の読者が通常の読み方をしたときに，当該部分が他人の著作物の採録であることが読み取れる態様である必要がある。

▶裁判例　　過去の裁判例で明瞭区別性が肯定された例としては，カギカッコで囲んで引用したもの[6]，罫線によって四角で囲まれた中に他人の文章を掲載したもの[7]，書籍の見開き2頁のうち，左側の頁（奇数頁）に被告図表を，右側の頁（偶数頁）に著者の執筆部分を対比して掲載したもの[8]などがある。また論説の中に他人の漫画のカット（コマ絵）を引用した事例で，漫画と論説という性質の異なる著作物であることに加え，採録されたカットの欄外に出典が表示されていることから明瞭に区別して認識することができると判断されたものがある〔「脱ゴーマニズム宣言」事件：第一審[9]〕。

　逆に明瞭区別性が否定された例としては，他人の論文を採録しておきながらその著者が第三者であることが明示されておらず，一般の読者が誤解する体裁で転載されているもの[10]がある。

　また，パロディ・モンタージュ事件で問題となったモンタージュ写真は，他人が撮影した雪山の写真にタイヤの写真を合成して作成されたものであるところ，最高裁はこれが明瞭区別性を満たすかどうかの判断はしていないが，学説上は，両者が混然一体となっており明瞭区別性を欠くであろうとの指摘がなされている[11]。

---

[6]　水戸地龍ケ崎支判平成11年5月17日判タ1031号235頁。
[7]　東京地判平成13年12月25日（平成12年（ワ）第17019号）。
[8]　東京地判平成22年1月27日（平成20年（ワ）第32148号）。
[9]　東京地判平成11年8月31日判時1702号145頁。
[10]　東京地判昭和61年4月28日無体裁集18巻1号112頁。

これらの事例を参考に，論文執筆の場面で明瞭区別性を満たすためには，文章中に文章を採録する場合はカギカッコ等で区別し（さらに後述の通り出典も表示し），また図表や写真などの場合はその付近に出典を表示する方法で，他人の著作物の採録であることを示せばよい。

(2) 主従関係

Q87.

主従関係とは何か。主従関係をどのような観点から判断すればよいか。

A.

主従関係とは，引用して利用する側の著作物と引用されて利用される側の著作物との間に，前者が主（メイン），後者が従（サブ）の関係があることを意味する。主従関係の判断基準として，引用の目的，両著作物の性質，内容，分量，採録の態様などの観点からみて，引用される側の著作物が引用する側の著作物の内容を補足説明し，あるいはその例証，参考資料を提供するなど付従的な性質を有しているに過ぎないといえるかどうかによって判断すると述べた裁判例がある。

解説　2要件説のもとでは様々な事情が「主従関係」の要件の中で考慮される。2要件説を採用した代表的な裁判例〔藤田嗣治事件：控訴審*12〕は，次のように述べている。

「主従関係は，両著作物の関係を，引用の目的，両著作物のそれぞれの性質，内容及び分量並びに被引用著作物の採録の方法，態様などの諸点に亘って確

---

*11　横山久芳「著作権法──『パロディ』から考える著作権法入門」法学教室380号（2012年）27頁。

*12　東京高判昭和60年10月17日無体裁集17巻3号462頁。

定した事実関係に基づき、かつ、当該著作物が想定する読者の一般的観念に照らし、引用著作物が全体の中で主体性を保持し、被引用著作物が引用著作物の内容を補足説明し、あるいはその例証、参考資料を提供するなど引用著作物に対し付従的な性質を有しているにすぎないと認められるかどうかを判断して決すべきものであ」る。

　ここでは①引用の目的、②両著作物のそれぞれの性質・内容、③分量、④採録の方法・態様などを考慮するものとされている。そのうえで主従関係にいう「主」のことを「引用〔する側の〕著作物が全体の中で主体性を保持」していること、「従」のことを「被引用著作物が引用著作物の内容を補足説明し、あるいはその例証、参考資料を提供するなど引用著作物に対し付従的な性質を有しているにすぎない」ことと言い換えている。

　主従関係とは要するに、引用する側が主（主体的）であり引用される側が従（付従的）であることを意味しており、その評価をするための具体的事情として、上記①～④のような諸事情が考慮されることになる。以下ではこれらの事情につき解説する。

Q88.

　引用の目的は「報道、批評、研究」に限定されるのか。引用の目的がなぜ主従関係の判断に影響するのか。

A.

　32条1項に挙げられている「報道、批評、研究」はあくまでも例示であり、これらに限定されるものではない。もっとも、これらはいずれも引用する側の主体性が認められやすい典型例である。引用の目的が単なる紹介に過ぎない場合には、引用する側の主体性が認められにくいであろう。

（解説）主従関係の判断にあたって「引用の目的」が考慮される。なぜ他人の著作物を採録しなければならないのか，他人の著作物を付従的に採録しつつどのような主体的な表現活動を行おうとしているのかがここで問題とされる。

　32条1項第2文には引用の目的として「報道，批評，研究」が挙げられているが，条文をその後まで読むと「報道，批評，研究その他の引用の目的」〔下線筆者〕と書かれており，引用の目的をこの3つに限るものではない。報道の例としては，ピカソの絵が盗難されたというニュースを報じるために盗まれたピカソの絵を紹介する場面がある。このときピカソの絵を視聴者に鑑賞してもらうことが主目的なのではなく，ピカソの絵が盗難されたという事件を報じることが主目的である。批評や研究のために他人の著作物を採録する場面でも，その他人の表現を踏まえたうえで自らの意見を述べることに主目的がある。このように列挙された3つの例はいずれも引用する側の主体性が認められやすい典型例である。本章が想定する研究者による研究活動や論文執筆は，条文で例示されている「批評，研究」に当たることが多いと考えられる。

　これらと対極にあるのが，単なる紹介目的である。他人の著作物を紹介したいということだけが目的になっており，特に自らの意見を述べるところがない場合には，主従関係が認められにくい。

▶裁判例　裁判例では，中田英寿選手が中学生のころに学年文集に書いた詩を全文引用し，「中学の文集で中田が書いた詩。強い信念を感じさせる。」というキャプションをつけて紹介しただけで，本文中にはこの詩に言及した記述が一切ないという書籍について，「被告らが本件書籍中に本件詩を利用したのは，被告らが創作活動をする上で本件詩を引用して利用しなければならなかったからではなく，本件詩を紹介すること自体に目的があったものと解さざるを得ない。／右のとおり，本件書籍のうちの本件詩が掲載された部分においては，その表現形式上，本文の記述が主，本件詩が従という関係があるとはいえない（むしろ，本件詩が主であるということができる。）」として主従関係が否定されたものがある〔中田英寿事件：第一審*13〕。

---

*13　東京地判平成12年2月29日判時1715号76頁。

Q89.

分量についてはどのように考えればいいか。

A.

引用する側の著作物において引用部分が占める割合が大きいほど，主従関係が認められにくいという関係がある。もっとも，引用部分が何パーセント以上を占めていれば必ず主従関係が否定される，というような形式的な数値基準があるわけではない。

解説 　主従関係の判断にあたって，引用部分の分量が考慮される。分量については 2 つのことが問題となりうる。1 つは，引用する側に占める引用部分の割合である。もう 1 つは引用された著作物の全体のうち引用された箇所が占める割合（つまり他人の著作物を丸ごと引用することも許されるか）である。このうち後者は後で説明する「正当な範囲」要件（→ p.175）の中で考慮される。主従関係の要件で考える分量とは前者のことである。

引用する側の著作物において引用部分の占める割合が大きければ大きいほど，引用する側の主体性が認められにくくなるという関係がある。もっとも，例えば半分以上が引用部分で占められていれば必ず主従関係が否定されるというような，明確な数値基準があるわけではない。あくまでも他の考慮要素との相関で主従関係が判断されるためである。

なお割合を計算する際に「全体」をどの部分と捉えるかという問題がある。例えば 100 頁の書籍中の 1 頁に他人の著作物を採録しているとき，書籍全体に占める割合は 1% だが，その 1 頁に占める割合でみれば 100% となる。この点について，漫画のカットを書籍に採録して批評した事例に関する〔「脱ゴーマニズム宣言」事件：控訴審*14〕では，カットを採録した頁の前後にも論説が書かれていることから，「カット採録頁における文章と控訴人カットとの占め

*14 　東京高判平成 12 年 4 月 25 日判時 1724 号 124 頁。

る面積割合をもって主従関係を判断すべきものではない」と判断された。ここでも頁単位で割合を計算するというような形式的な判断はされていない。

Q90.

採録の方法・態様がなぜ主従関係の判断に影響するのか。論文執筆の際に気をつけるべきことは何か。

A.

引用部分に独立の観賞価値があると，主従関係が認められにくいという関係がある。ことさらに独立の観賞価値を持たせるような採録の方法・態様は避けるのがよい。

解説　引用部分は付従的でなければならない。これは言い換えると，引用部分に独立の観賞価値があると主従関係が否定されやすくなることを意味する。

▶裁判例　例えば藤田嗣治画伯の絵画を採録した論文について主従関係を否定した前出の〔藤田嗣治事件：控訴審[*15]〕は，採録の方法・態様について次のように述べている。

> 「本件書籍の紙質，図版の大きさ，掲載の配置，カラー図版の色数に関する各事実と……本件絵画の複製物としての仕上り状態を総合すれば，右複製物は，モノクローム図版のものも含め，いずれも美術性に優れ，読者の鑑賞の対象となりうるものとなっており，本件絵画の複製物の掲載されたページを開いた富山論文の読者は，同論文の記述とは関係なく，本件絵画の複製物から美的感興を得，これを鑑賞することができることができるものであ」る。

ここで述べられているのは，絵画の採録方法が美しいために，論文の記述とは無関係に引用部分の絵画のみを独立して鑑賞しうるほどになっているという

[*15]　前掲注12・東京高判昭和60年10月17日。

ことである。

　この事件では採録された著作物が絵画であることが重要である（著作物の性質）。絵画を鑑賞性の高い態様で採録すると，画集などの本来の鑑賞目的商品との競合が生じ，著作権者の経済的利益を害する可能性が高いことが考慮されたものだと考えられる。なお，採録の方法・態様がそれだけで直ちに主従関係を否定するわけではなく，著作物の性質や分量といった他の要素との相関で判断されることは繰り返し指摘しておく。

　論文執筆において他者の図表や写真を採録する場合には，必要以上にサイズを大きくして鑑賞性を高めたり，ことさらに良い紙質で印刷して画集や写真集の代替品となったりすることを避けるように注意する必要がある。

（3）　公表された著作物であること

Q91.
　　　未公表著作物の引用はできないのか。

A.
　できない。

解説　　引用できる著作物は「公表された著作物」に限られることは 32 条 1 項の条文に明記されており，未公表の著作物を引用することはできない（公表の意義につき→ p.031 を参照）。例えば他人の日記や他人から受け取った私信などを引用することはできない。著作者は，未公表の著作物を無断で公表されない権利として「公表権」を有しており（18 条），未公表著作物を採録して公表することは公表権の侵害ともなる（適法な引用と認められないので，著作権の侵害にもなる）。

　引用の事例ではないが，三島由紀夫から受け取った私信を書籍に掲載して出版した行為が，三島が生存していたならば公表権の侵害となるべき行為（60 条）に該当すると判断された事例がある〔三島由紀夫手紙事件：第一審*16〕。

Q92.

公正な慣行とは何か。明瞭区別性と主従関係が認められるにもかかわらず，その引用が公正な慣行に合致しないのはどのような場合か。

A.

明瞭区別性と主従関係を満たす「引用」であっても，それが「公正な慣行」に合致しない場合は適法とされない。「公正な慣行」の内容として出所（出典）を表示する慣行の存在を指摘する裁判例がある。

解説　新2要件説のもとでは，明瞭区別性と主従関係は「引用」という利用態様であるかどうかを判断するための要件として捉えられる。この両者を満たす「引用」であっても，それが「公正な慣行」に合致しなかったり，「引用の目的上正当な範囲内」を逸脱したものであったりすると，適法な引用とは認められない。つまり「引用」のうちでも適法なものがさらに絞り込まれている。

　「公正な慣行」とは文字通り，引用に際して遵守されるべき慣行のうち公正であると（裁判官によって）考えられるものを指している。その内容は時代や業界によっても異なるであろう。

▶裁判例　裁判例の中でしばしば指摘されるのは，出所（出典）の表示の慣行である。出所の表示は後で説明するように32条とは別の条文上の義務であり，32条の適法引用のための要件には含まれていないとする反対説も強いが，裁判所は，出所を表示する慣行が存在しているにもかかわらずそれを表示しないことは「公正な慣行」に合致しないとして，適法な引用であること自体を否定する傾向にある。その旨を述べる裁判例として，〔「絶対音感」事件：控訴審[*17]〕，〔「沖縄　うりずんの雨」事件：控訴審[*18]〕がある。

---

*16　東京地判平成11年10月18日判時1697号114頁。

本章が想定する論文執筆の場面でも、出所を表示する公正な慣行が存在していることが多いと考えられるため、引用に際して出所（出典）を明らかにすることが望ましい（→ p. 177 も参照）。

(5)　引用の目的上正当な範囲内で行われること

Q93.

正当な範囲内とは何か。明瞭区別性と主従関係が認められるにもかかわらず、その引用が正当な範囲内でないのはどのような場合か。

A.

他人の著作物を全部引用する場合に問題となりうる。

解説　新2要件説のもとでは、多くの事情が主従関係要件の中に取り込まれて判断される。そのため「正当な範囲内」要件に残された意義はそれほど大きくない。主従関係の判断に取り込まれない事情が「正当な範囲内」要件の中で考慮されることになる。

　その1つが、引用される側の著作物に占める引用部分の割合である。**他人の著作物の全部を引用してよいか**とも言い換えられる。これはその**著作物の性質**によっても異なる。小説や漫画のように分量の多いものを全部引用することは（主従関係も問題となるとともに）正当な範囲内とはいえないであろう。

　他方、俳句のように全体が短いものや、写真・図表のように全体を引用することが公正な慣行となっているものについては、全部引用も正当な範囲内のものとして許されるであろう。とりわけ写真については、その一部だけを切り出して採録することはかえって著作者の同一性保持権（20条）の侵害となるおそれがあるため、写真全体をそのまま採録することが「正当な範囲内」とされる

---

*17　東京高判平成14年4月11日（平成13年（ネ）第3677号、第5920号）。
*18　知財高判平成30年8月23日（平成30年（ネ）第10023号）。

ことが通常であると考えられる。

Q94.

被写体について言及する目的で，第三者の撮影した写真を引用する
ことはできるか。

A.

できると考えられる。

 写真は著作権法上「写真の著作物」（10条1項8号）として，被写体と
は独立して著作権の対象となる。すなわち被写体をどのような構図で
どのような角度・光線のもとでどのような陰影をつけて撮影するか等の撮影技
法において撮影者の個性があらわれることから，写真については撮影者が著作
権を有することになる。

写真を引用する場面としては2つのものを区別することができる。第1に，
撮影者の撮影技法の巧拙を批評する場合のように，その写真の撮り方自体に言
及する目的がある場面である。第2に，その写真に写っている被写体こそが言
及の対象である場面である。

第1の場合はまさに写真の著作物それ自体が批評の対象となっており，その
批評目的上正当な範囲内でその写真を引用しているといえる。

これに対し第2の場合は，写真家の個性があらわれている撮影技法の部分は
批評の対象ではなく，あくまでもそこに写されている被写体に言及することが
目的となっている。例えば富士山の外観に言及するために富士山を写した写真
を引用する場合である。富士山を被写体とする写真は無数に存在しており，そ
の特定の写真を利用する必要性はないともいえる。その特定の写真を引用する
必要性はないという場合に，引用の目的上正当な範囲内で利用しているといえ
るかが問題となる。

裁判例の中には，被写体である横浜ベイブリッジの様子を示すために第三者

が撮影した写真を使用した事例において、「上記の目的のために，本件画像を使用する必要性が高いとまではいえない」ことなどを理由に正当な範囲内に当たらないと判断したものがある〔夜景写真事件[*19]〕。しかし必要性がないというだけで直ちに適法引用が否定されると考えるべきではない。そもそも引用の必要性ということが引用の要件になっているわけではない。「正当な範囲内」かどうかは，（主従関係と重複する要素もあるが）分量や引用の態様，引用の必要性の程度など様々な事情を考慮して判断されるものである。芸術的に富士山を撮影した写真を独立の観賞価値を持つような態様で採録するような場合は別であるが，単に代替の写真がありうるというだけで適法引用が否定されると考えるべきではない（そのように考えると，どの写真も代替性があることになり，結局どれも引用できなくなってしまう）。

　そもそも，典型的な引用だと考えられている他人の学説を引用して批評する場面でも，批評の対象となっているのは学説（アイディア）であって，それを表現する文章技法の巧拙ではない。このことからも，言及の対象がその著作物の創作的表現部分でなければならないとは考えられていないことが分かる。写真の著作物における被写体への言及についても同様に理解されるべきであろう。

(6)　出所明示義務

Q95.
出所（出典）はどのように表示すればよいか。

A.
論文執筆においては，属する分野の慣行に従えばよい。

解説　出所（出典）を表示することは 32 条の要件ではない（ただし前述のとおり，表示の慣行があれば「公正な慣行」要件の中で考慮される）。引用す

---

*19　東京地判令和元年 6 月 26 日（平成 31 年（ワ）第 1955 号）。

る際には出所を明示するようにと規定しているのは 48 条である。それによれば「著作物の出所を，その複製又は利用の態様に応じ合理的と認められる方法及び程度により，明示しなければならない」とされている（ただし複製以外の方法で利用する場合は，出所を明示する慣行があるときに限る）。

　論文執筆においては，属する分野の慣行に従って表示すればよい。例えば法学分野では，法律編集者懇話会＝特定非営利活動法人法教育支援センター『法律文献等の出典の表示方法』（2014 年）が 1 つの参考となる。

(7) 改変の禁止

Q96.

　引用に際して，対象の著作物を改変することはできるか。例えば旧仮名遣いで書かれている文章を現代仮名遣いに直して引用してよいか。重要な部分に傍点を付したり，一部を省略したりすることもできるか。外国語の文章を日本語に翻訳して引用するのはどうか。

A.

　著作物を創作した著作者には同一性保持権（20 条）があり，自身の著作物を他人が無断で改変することを禁止できる。したがって引用の際に対象の著作物に改変を加えることは，原則としてこの同一性保持権の侵害となる。

　ただし，傍点や省略については，変更された箇所が元の著作物の一部であると誤解されるおそれがなければ「改変」に当たらないとの理解が可能である。

　さらに，やむをえないと認められる場合には改変が許されている（20条 2 項 4 号）。一般的な読者が理解できないと考えられる旧仮名遣いを現代仮名遣いに直して引用することは許容されるだろう。また引用に際して翻訳することは明示的に許容されている（47 条の 6 第 1 項 2 号）。

解説 改変禁止もまた32条の要件ではない。他人の著作物を勝手に改変してはいけない根拠は，著作者が有する同一性保持権（20条）である。それによれば「著作者は，その著作物及びその題号の同一性を保持する権利を有し，その意に反してこれらの変更，切除その他の改変を受けない」とされている。引用に際して著作者の意に反して改変を行うと，この同一性保持権の侵害が問題となる。もっとも同一性保持権には例外があり，「著作物の性質並びにその利用の目的及び態様に照らしやむを得ないと認められる改変」については侵害とならないとされている（20条2項4号）。

したがって，同一性保持権の侵害の成否を判断するためには，意に反する「改変」に当たるか，「改変」に当たるとしても「やむを得ないと認められる改変」として許容されるか，の2段階の検討が必要となる。

▶裁判例 第1段階の「改変」該当性については，「加筆部分を原告著作物の一部であると誤解するおそれは存在しない」ことなどを理由に「改変」に当たらないとした裁判例〔「脱ゴーマニズム宣言」事件：第一審[20]〕が参考となる。この事件では，原告が描いた漫画のカットを引用する際，元の漫画に「業者による強制連行はあったが，軍が行ったのではない」という文章が書かれていたが，被告はこのうちの「業者」「強制連行」「軍」の3語を丸で囲んで欄外に向かってそれぞれ線を引いた先に，例えば「強制連行」は「殺人未遂」とするなどの記入を行った。そしてその引用部分の近くに「これを次の私が書き入れた手書き文字のようにするとわかりやすい。」と書いていた。このような加筆について裁判所は，「線があるとしても，原カット……のもとの内容は完全に認識することができる」うえ，被告が引用部分の近くに書いた文章とともに引用部分を見れば「加筆が被告……によるものであることは明らかであり，被告書籍の読者が，カット……の加筆部分を原告著作物の一部であると誤解するおそれは存在しない」として，「著作権法20条1項にいう『改変』ということはできない」と判断した。

ここでは変更された箇所が元の著作物の一部であると誤解されるおそれがなければそもそも「改変」に当たらないとの理解が示されている。そうすると，

*20　前掲注9・東京地判平成11年8月31日。

例えば文章を引用する際に重要な点に傍点を追加し，傍点は引用者によるものであると記載しておけば，同様に「改変」に当たらないと考えられる。同様に，「〔中略〕」や「……」を用いて文章の一部を省略する場合のように，一般の読者の通常の読み方を基準にしたときに元の著作物の一部であると誤解されるおそれがないような省略もまた，「改変」に当たらないと考えることができる。

第2段階では「改変」に当たることを前提に，「やむを得ないと認められる改変」かどうかが検討される。例えば旧仮名遣いで書かれているために一般の読者が読めないであろうと思われる文章を引用する際に現代仮名遣いに直して引用することは「やむを得ない」改変として許容されてよいと考えられる。ただし，原文は旧仮名遣いであるが引用者が現代仮名遣いに直した旨の注意書きは必要であろう。またカラー写真を白黒印刷の書籍に引用することも，「やむを得ない」改変に当たるものと考えられる。

外国語の文章を日本語に翻訳することも改変に当たるが，引用に際して翻訳をしてよいということは47条の6第1項2号に明記されており，同一性保持権との関係でも「やむを得ない」改変に当たると考えてよい。

(8) その他

Q97.
インターネット上でたまたま発見した写真を引用したい。おそらく著作権を侵害してアップロードされた写真だと思われるが，このようなものを引用することは違法ダウンロード規制との関係で問題はないか。

A.
適法に引用できる場合が多いと考えられる。

解説

いわゆる違法ダウンロード規制は私的複製（30条）に関わるものであり，引用とは直接の関係がない。適法に入手した情報源からの採録でなければならないということは引用の要件に挙げられていないので，倫理的・

道義的な問題はともかく，法的には問題はない。この点は 35 条 1 項の解説（→ p.072）も参照。

　もっとも，注意を要するのは，(3)公表された著作物であることという要件との関係である。著作権法上の「公表」とは，事実として社会に出回っていることを意味するものではない。公表を定義する 4 条の規定によれば，著作権者自身またはその許諾を得た者によって発行や提示・提供が行われた場合に限って公表されたものと扱われる。そのため，著作権者に無断でインターネット上に流出した著作物は，事実として公表状態にあるとしても著作権法上は未公表であると扱われる。インターネット上でひそかに出回っているリーク情報のようなものはこの意味で引用の要件を満たさないことがあると考えられるので注意が必要である。

3　国等の資料の転載（32 条 2 項）

Q98.
　国が公表する広報資料や調査統計資料，報告書などはどの範囲で転載できるか。

A.
　国等が一般に周知させることを目的として作成し，その著作の名義のもとに公表する広報資料，調査統計資料，報告書その他これらに類する著作物は，原則として説明の材料として出版物に転載することができる。

解説　32 条 2 項では，国もしくは地方公共団体の機関，独立行政法人または地方独立行政法人が一般に周知させることを目的として作成し，その著作の名義のもとに公表する広報資料，調査統計資料，報告書その他これらに類する著作物について，原則として説明の材料として出版物への転載が自由

に行えることが定められている。

「説明の材料として」であるので，当該資料だけを独立して出版するようなことはできない。また出版物への転載だけが認められており，電子書籍に採録して公衆送信することは許されないと解されている。

例外として，転載を禁止する旨の表示がある場合には32条2項による利用ができない。とはいえ，たとえ転載禁止の表示があるとしても，32条1項に基づいて引用することは（引用の要件を満たせば）可能である。

第2節　著作者の認定（2条1項2号）

1　著作者とは

Q99.

著作物について著作権を持つのは誰か。例えば芸能人の名義で出版された自伝が実はゴーストライターによって執筆されていた場合に，著作権を持つのはどちらになるのか。

A.

著作権法は，著作権は「著作者」に与えられると規定している。「著作者」とは著作物を創作した個人であることが原則である（2条1項2号。創作者主義の原則）。ゴーストライターこそが著作物を創作した個人なので，たとえ出版の際に芸能人の名義で出版されたとしても，ゴーストライターが著作者となる。もっとも著作者は契約などによって他人に著作権を譲渡することができるので，ゴーストライターの著作権は実際には芸能人に譲渡されていることが多いと考えられる。

解説　著作権法は,「著作者」に対して著作権を与える旨を規定している（17 条 1 項）。ここで「著作者」とは「著作物を創作する者」と定義されている（2 条 1 項 2 号）。したがって, 著作物を作り出した個人が著作者となり, その個人が著作権を有することになる。ここでは, 著作物を作り出した個人＝著作者＝著作権を持つ者, という等式が成り立っており, このような原則のことを「創作者主義の原則」と呼ぶ。

このように, **著作者が誰であるかは実際に執筆したのが誰であるかによって決まる**ので, 公表の際の名義とは無関係である。

もっとも, 著作権は他人に譲渡することができるので, 著作者からそれ以外の者へ著作権が譲渡されることがよくある（→ p. 189 参照）。この場合には, 著作者と著作権者（いま著作権を持っている者）とが一致しないことになる。なお,「著作者」の身分は著作権を譲渡しても失われることはないので, 著作権を譲渡した後も著作者であり続ける。

Q100.
教員・学生・生徒が作成した研究論文について著作権を持つのは誰か。

A.
創作者主義の原則によれば, その研究論文の執筆者である教員・学生・生徒が著作者となり著作権を有する（ただし契約などによって著作権が学校に譲渡されることがありうる）。

しかし創作者主義の原則には例外があり, その個人を雇っている会社や大学などが著作者と扱われることがある（15 条。職務著作）。学生・生徒が学校に雇われて著作物を作成することは稀であると思われるが, 教職員に関しては学校に雇われており, その著作権の帰属を考える際には職務著作に該当するかどうかの検討が必要である。

解説 著作権法は「創作者主義の原則」に対する例外を設けている。それが「職務著作」と呼ばれる制度である（15条）。会社や大学，地方公共団体などに雇われている従業員・職員が職務上作成した著作物であって，**次の①②の両方を満たす場合には，会社などが「著作者」になる**という制度である。

① その会社などの発意に基づいて作成されたこと

② その会社などの名義で世間に公表されること

会社などが著作者になるということの意味は，従業員個人は著作者にならないということである。著作物を創作した個人＝著作者という等式が成り立たないことになる。この場合，著作権も会社などに帰属する。つまり従業員個人は著作者でないうえに，著作権も帰属しない。

例えば，ゲーム会社でゲームを実際に制作するのは従業員であるゲームクリエイターたちであるが，彼らは職務上ゲームを作成しており，しかもそのゲームは①ゲーム会社の発意に基づいて作成され，②ゲーム会社の名義で世間に公表されるので，職務著作に該当する。その結果，著作権法上はゲーム会社が「著作者」となる。従業員であるゲームクリエイターは「著作者」ではないし，著作権も持たない。

Q101.

教育現場に職務著作制度が適用されるのはどのような場合か。

A.

入試問題を作問した場合のように，学校の発意に基づき作成し，学校の名義で公表される場合には職務著作制度が適用される。これに対し，大学教授が作成する講義資料や研究論文，学生・生徒が執筆したレポートなどが職務著作となることは通常は考えられない。

解説 職務著作制度が適用されるのは，会社・学校などに雇われている者が職務上作成した著作物に限定される。したがって，学生・生徒はそも

そも学校との間に雇用関係がないので、職務著作制度が適用されることはない。

これに対し、教職員は学校との間に雇用関係があり、職務上著作物を作成することがある。これらのうち、学校の発意に基づいて作成され、学校の名義で世間に公表されるものについては職務著作制度の適用がある。入試問題がその典型である。また、大学（学校法人）が地方公共団体との間で締結した水質調査等の共同研究において大学側の研究担当者として参加した准教授が作成した報告書について職務著作の成立を認めた事例がある〔北見工業大学事件：控訴審[*21]〕。

名義については実際に会社などの名義で世間に公表された事実までは不要であり、仮に公表するのであれば会社などの名義で公表されることになるであろうといえれば十分だと解釈されている〔新潟鉄工事件：控訴審[*22]〕。そのため、教授会の議事録のように公表を予定していないものであっても、仮に公表するのであれば（作成者個人の名義ではなく）学校の名義で公表されることになるであろうといえる著作物についても、職務著作に該当する。

大学教授が作成する講義資料や研究論文は、多くの場合、大学側の発意によって作成されるものではない。また公表名義も教授の個人名であり、大学の名義で公表されるものではない。そのため職務著作に該当せず、大学教授個人が著作権を持つことになる。この場合、講義資料を本務校以外の非常勤先で利用することも可能である。もっとも、授業風景を録画した映像であって大学側のスタッフによって撮影されたものに関しては、大学が著作権を有する可能性が高いため注意が必要である。

[*21]　知財高判平成22年8月4日判時2101号119頁。
[*22]　東京高判昭和60年12月4日判時1190号143頁。

2 共同著作物

Q102.

複数人で共同執筆した研究論文の著作権は誰に帰属するか。

A.

原則として，共同執筆に関わった全員の共有となる。

 解説　**複数人が関与して作成された著作物のことを「共同著作物」という**（2条1項12号）。共同著作物には複数の著作者が存在することになり，著作権もその者たちの間で共有される。

　もっとも，著作物の作成に関与する態様には様々なものが考えられる。関与した者の全員が共同著作物の著作者と認められるとは限らない。著作者とは著作物を創作をする者のことを意味しているので，**その関与の内容・程度が著作物の創作活動であるといえる者のみが著作者と認められ，著作権を共有できる**（創作性につき→ p.002 参照）。著作物の創作活動であるとはいえない態様での関与者は著作者とは認められず，著作権を持つこともない。

3　共同著作物の二次利用

Q103.

　　　ＡとＢが共同執筆した研究論文について，インターネット公開や外国語への翻訳出版といった二次利用を行いたい。ＡまたはＢが単独で実行してよいか。第三者Ｃから，Ｃが出版予定の本にこの研究論文の図表を転載したいので許可してほしいという依頼がＡのもとに届いた場合，ＡはＢに相談せず単独で許可の返事をしてよいか。

A.

　　　共同著作物には複数の著作者がおり，著作権はこれらの著作者によって共有される。この場合，共同著作物を二次利用したり，第三者に許可を出したりするためには，共有者全員の合意が必要である（65条2項）。インターネット公開や外国語版への翻訳出版のような二次利用についても，第三者への許可（ライセンス）についても，全員の合意すなわちＡとＢが合意することが必要となる。

　　　したがって，ＡもＢも単独ではこれらの二次利用を実行してはならないし，Ｃへの許可を出すこともできない。もしＡがＢに無断でインターネット公開をすると，Ｂの共有著作権の侵害となる。またＡ単独の許可に基づいて転載したＣは，Ｂとの関係では共有著作権を侵害することになる。

解説　　共同著作物の著作権は，その複数の著作者によって共有される。共有とは1つの権利を複数人で有することである。1つの権利を複数人で共有することは一艘の船に複数の船頭がいるようなものであるから，権利の使い方に関して共有者の間での意見が割れる危険性をはらんでいる。例えばＡはインターネット公開を希望しているが，Ｂはそれに消極的であるといった場合に，もしもＡの単独での実行を許してしまうと，Ｂにとっては本意でない

利用がされることになる。

　そこで著作権法は，共同著作物の二次利用や第三者への許可を行うためには，共有著作権を持つ全員の合意を要求している。その合意の中で，例えば翻訳出版から得られた印税をＡとＢでどのように分け合うかといった，二次利用から生じる利益の分配に関する事柄も合意されることになる。

　Ａ自身も著作権の共有者であるが，ＡがＢに無断で二次利用を行うと，Ｂとの関係で著作権の侵害となる。Ｂから訴えられてインターネット公開をやめるように請求されたり，Ａが二次利用から得た利益をＢに賠償するように求められる可能性がある。

　またＣがＡの許可しか得ずに転載・出版してしまうと，やはりＢとの関係では著作権の侵害となり，Ｂからの法的措置を受けるおそれがある。もっとも，第三者に許可を出すかどうかについて，許可の申出があるたびに共有者全員が話し合うのは煩雑であるので，共有者はあらかじめ，代表者を決めておくことができる（65条4項が準用する64条3項）。第三者からの申出の窓口としてこのような代表者が決められている場合には，第三者はその代表者だけから許可を得れば足りる。Ａ・ＢがあらかじめＡを代表者と定めていた場合には，ＣはＡだけの許可をもらえばよいことになる。

第3節　著作権の譲渡・ライセンス

1　著作権の譲渡

Q104.

著作権は他人に譲渡することができるか。譲渡するためにはどのような手続が必要か。

A.

著作権は他人に譲渡することができる。多くは契約によって譲渡され，譲渡対価は有償のことも無償のこともある。譲渡について官庁への登録などは不要である。

解説 　著作権は財産権であり，他人に譲渡することができる（61条）。譲渡は多くの場合は契約によって行われる。譲渡される権利の範囲や対価などは全て契約によって決められることになる。

　法律の世界での「契約」とは「当事者の意思表示の合致」を意味する。一方が譲渡を申し込み，他方がそれに承諾すれば，法的には譲渡契約が成立する。言い換えると，契約書を作成したりそこにサインしたりといったことは，必ずしも必要ではない。例えば，学会誌の論文投稿規定に「掲載された論文の著作権は○○学会に帰属する」などと記載されており（譲渡の申し込み），投稿者がこのことを認識したうえで論文を投稿した（譲渡の承諾）場合には，当事者の意思表示が合致しており，著作権の譲渡契約が成立するものと解される。

　著作権の譲渡はこのような当事者間の契約だけで生じ，譲渡について官庁への登録なども不要である（この点で特許権や商標権の譲渡とは異なる）。

Q105.

論文の著作権を学会に譲渡した場合に注意すべきことは何か。

A.

執筆者はもはや著作権を有しなくなるので，学会に無断で出版やインターネット公開などを行うことができなくなることに注意が必要である。自分の論文を授業で利用する場合も，32条や35条の要件を満たさなければ著作権侵害となる。

解説　著作権の譲渡は，次に説明する利用許諾（ライセンス）とは全く異なる。利用許諾は自分が権利を保持しつつ他人に利用を認めることである。これに対し著作権の譲渡とは，著作権そのものを手放して他人に譲り渡すことを意味する。研究者が論文の著作権を学会に譲渡することは自然科学系の学会ではしばしば行われていることであるが，著作権を譲渡した結果，次のようなことが起こるので注意を要する。

著作権を他人に譲渡した著者は，もはや著作権を有しない。そのため，自分が創作した著作物であっても，譲渡の相手方（学会）の許諾を得ずに出版したりインターネット公開（公衆送信）したりすることができなくなる。授業で自分の論文を利用する場面ですら，32条や35条のような権利制限規定の要件を満たさなければ著作権侵害となってしまう。

さらには，譲渡した相手がその著作物をどのように利用しようとも，誰にどのような条件で利用許諾をしようとも，それに反対することもできなくなる。このように，著作権を譲渡することで著作物の利用に関するコントロール権限が完全に失われることになるので，安易に譲渡するのは避けるべきである。

2 利用許諾

Q106.
利用許諾とは何か。

A.
　利用許諾（ライセンス）とは，著作権を保持したまま他人に著作物の利用を認めることである。許諾の対価は有償のことも無償のこともある。個別の交渉の結果として契約によって利用許諾が行われることもあれば，ガイドラインやCCライセンスのように一定の条件を満たせば誰でも利用を認めるといった許諾の仕方もある。

解説　著作権の譲渡とは異なり，著作権は手元に残したままで他人に著作物の利用を認めることが利用許諾（ライセンス）である。利用許諾を行う者をライセンサー，利用許諾を受けた者をライセンシーと呼ぶことがある。**ライセンシーは許諾に際して提示された利用方法や条件の範囲内において著作物を利用することができる**（63条2項）。例えば100部に限って複製して受講生に配布してよいという条件での利用許諾を受けた場合は，複製部数は100部，配布の対象は受講生といった利用方法・条件で利用することができる。

　利用許諾を得る必要があるのは，無断で利用すると著作権侵害になってしまう場面である。**権利制限規定の適用があって無断で利用することができる場面では利用許諾を受ける必要はない。**

　著作権者には利用許諾を行うかどうか，許諾するとしてどのような条件を課すかの決定権がある。許諾の条件として金銭の支払いを求めることも可能である。その額も含め，様々な条件は相手方との個別の交渉によって決まる。相手方が条件に合意すれば，意思表示が合致し，利用許諾契約が成立する。

　もっとも特定の相手方との個別の交渉によって利用許諾を行うのではなく，あらかじめ一般的に利用条件を提示しておき，そのような条件を満たす限り誰

第3節　著作権の譲渡・ライセンス

であっても利用を認めるというやり方の許諾もありうる。→ p. 021 で紹介した
クリエイティブ・コモンズ・ライセンスなどがその例である。このような形で
許諾がなされている場合，利用者はそこで提示された利用条件に従う限り，適
法に著作物を利用することができる。また例えば任天堂がゲーム実況に関して
提示しているガイドライン[*23] のようなものもこの例である。

3　出版権・電子出版権

Q107.
出版権や電子出版権とは何か。利用許諾とは何が違うのか。

A.
単なる利用許諾には排他性がない。排他性のある出版権や電子出版
権を設定すれば，第三者の侵害行為に対してライセンシーが権利行使を
することも可能となる。

解説 　単なる利用許諾では，利用許諾を受けた者（ライセンシー）は自ら著
作物を利用できるだけで，第三者の著作権侵害に対して権利行使をす
ることはできない。例えば出版社が漫画家と利用許諾契約を締結して漫画を出
版している場合に，漫画の海賊版が売られているときに権利行使できるのは著
作権者である漫画家だけである。このように利用許諾は単に利用ができるとい
うだけの地位であり，排他性（第三者の利用を排除できる権能）を有しない。
　そこで利用許諾に排他性を持たせるための制度が出版権である。出版権は著
作権者と出版者との間の**出版権設定契約**によって出版者に与えられる権利であ

---

*23　任天堂「ネットワークサービスにおける任天堂の著作物の利用に関するガイドライン」（2018
　　年 11 月 29 日）（https://www.nintendo.co.jp/networkservice_guideline/ja/index.html）（2020 年 11
　　月 30 日確認）。

192

（第5章　研究・論文における著作物利用と著作権）

る。出版者は対象の著作物を出版の方法で利用できることに加え，第三者がその著作物を無断で出版した場合に，出版権の侵害を主張して差止めや損害賠償を請求することができる。

　さらに平成 26 年著作権法改正により電子出版権の制度が創設された。これにより印刷物として出版することを内容とする従来の出版権に加え，インターネット配信（公衆送信）を内容とする電子出版権の設定も可能となった。例えば漫画家との間で電子出版権設定契約を締結した出版社は，インターネット上の海賊版サイト運営者に対し差止め等の請求をすることができる。

第 4 節　研究不正行為（研究倫理）

Q108.
研究不正行為とは何か。著作権侵害とは異なるのか。

A.
　研究活動における不正行為のうち，捏造，改ざん，盗用が「特定不正行為」とされている。このうち盗用は著作権侵害と重なり合う部分もあるが，アイディアの盗用も不正行為とされているなど，必ずしも著作権侵害にはならない行為も含まれている。

解説　　研究活動における不正行為に関する指針として，文部科学大臣決定「研究活動における不正行為への対応等に関するガイドライン」（平成 26 年 8 月 26 日）（以下，「ガイドライン」という）がある。

　ガイドラインによれば，「得られたデータや結果の捏造，改ざん，及び他者の研究成果等の盗用が，不正行為に該当する。このほか，他の学術誌等に既発表又は投稿中の論文と本質的に同じ論文を投稿する二重投稿，論文著作者が適正に公表されない不適切なオーサーシップなどが不正行為として認識されるよ

うになってきている」とされる（ガイドライン4頁）。

　ガイドラインはこのうち「故意又は研究者としてわきまえるべき基本的な注意義務を著しく怠ったことによる，投稿論文など発表された研究成果の中に示されたデータや調査結果等の捏造，改ざん及び盗用」の3類型の不正行為を「特定不正行為」と名づけて（ガイドライン10頁），その対応指針を定めている。

　これら特定不正行為のうち，「盗用」については著作権侵害と重なり合う部分もあるが，アイディアの流用も「盗用」とされている点など，必ずしも著作権侵害とは認められない行為も含まれていることに注意が必要である。

Q109.
捏造とは何か。

A.
捏造とは「存在しないデータ，研究結果等を作成すること」である。

解説　捏造とは，「存在しないデータ，研究結果等を作成すること」である（ガイドライン10頁）。そもそも研究活動とは「先人達が行った研究の諸業績を踏まえた上で，観察や実験等によって知り得た事実やデータを素材としつつ，自分自身の省察・発想・アイディア等に基づく新たな知見を創造し，知の体系を構築していく行為」である（ガイドライン4頁）。その研究活動によって得られた成果を「客観的で検証可能なデータ・資料を提示しつつ，科学コミュニティに向かって公開し，その内容について吟味・批判を受けること」が研究成果の発表であるところ（同頁），捏造は存在しないデータを提示することを意味する。

Q110.

改ざんとは何か。

A.

改ざんとは「研究資料・機器・過程を変更する操作を行い，データ，研究活動によって得られた結果等を真正でないものに加工すること」である。

解説　改ざんとは「研究資料・機器・過程を変更する操作を行い，データ，研究活動によって得られた結果等を真正でないものに加工すること」である（ガイドライン 10 頁）。捏造が存在しないデータを作り上げるのに対し，改ざんは一応存在する結果を真正でないものに加工することを意味する。

Q111.

盗用とは何か。著作権侵害とはどのように異なるか。

A.

盗用とは「他の研究者のアイディア，分析・解析方法，データ，研究結果，論文又は用語を当該研究者の了解又は適切な表示なく流用すること」である。

解説　盗用とは「他の研究者のアイディア，分析・解析方法，データ，研究結果，論文又は用語を当該研究者の了解又は適切な表示なく流用すること」である（ガイドライン 10 頁）。

　研究の世界にはプライオリティの尊重という思想があり，これはアイディアにも及ぶ。この点がアイディアを保護しない著作権法とは大きく異なる点であ

る。例えば城の定義文の盗用が著作権侵害に当たるかが争われた事件〔「日本の城の基礎知識」事件*24〕では，「城とは人によって住居，軍事，政治目的をもって選ばれた一区画の土地と，そこに設けられた防御的構築物をいう」という定義文が著作物に該当せず，無断転載しても著作権侵害に当たらないとされた。しかし，研究倫理の観点からは，このような独創的な定義（アイディア，研究結果）の盗用は特定不正行為に該当しうる。なぜなら**先人の業績をあたかも自分が考えたかのように流用する**ことはプライオリティを損なうものだからである。実際この事件で裁判所は次のように述べている。

> 「学問的思想としての本件定義は，それが新規なものであれば，学術研究の分野において，いわゆるプライオリティを有するものとして慣行に従って尊重されることがあるのは別として，これを著作権の対象となる著作物として著作権者に専有させることは著作権法の予定したところではない。」

　このように，研究不正としての盗用と著作権侵害とは一致するものではないことに注意が必要である。盗用にならないためには，「当該研究者の了解」を得るか「適切な表示」を行えばよい。

*24　東京地判平成 6 年 4 月 25 日判時 1509 号 130 頁。

第 6 章

学生・生徒への
著作権教育

　本章では，学生・生徒に「著作権教育」を行う際に，どのような点に留意すべきなのかということについて検討する。本章の「著作権教育」が指し示す対象は，主に初中等教育段階における著作権についての教育活動や普及啓蒙活動である。

　特に義務教育では，先人の業績を参照し消化する過程で模倣を伴うことも多いため，過度に模倣の禁止を説くことも望ましくない。現代社会で著作権が果たす機能を分かりやすく説明することが，著作権についての「納得感」を得るうえで重要ではないかと思われる。

〈小島　立〉

Theme1.

教育現場において，どのように「著作権教育」を行えばよいのだろ
うか。その際に気をつけるべきことは何だろうか。

第1節　はじめに[*1]

　本章の「著作権教育」の検討は以下のように進める。第1に，「著作権教育」
が求められている背景事情について概観する。第2に，これまでの「著作権教
育」で用いられてきた教材の内容について観察および分析することを通じて，
「著作権教育」の現状と課題を析出する。第3に，現在の「著作権教育」を乗
り越えるうえでの手がかりを探る。第4に，「著作権教育」を行ううえでの基
本的視座について論じる。

第2節　「著作権教育」が求められている背景事情

Theme2.

「著作権教育」が求められている背景事情は何だろうか。

---

*1　本章の記述は，小島立「いわゆる『著作権教育』の観察と分析から得られる著作権制度の現状
　と課題について」中山信弘＝金子敏哉編『しなやかな著作権制度に向けて――コンテンツと著作権
　法の役割』（信山社，2017年）517-556頁に基づいている。上記拙稿の執筆過程では，文化庁，著
　作権情報センター，日本レコード協会，日本音楽著作権協会，日本文藝家協会，および山口大学の
　関係者へのヒアリングを実施した。また，ウェブサイトのURLについては，2020年8月26現在
　で確認したものである。

1 「著作権教育」の重要性の高まり

　著作権法が主に規律する対象は，著作物（2条1項1号）の資格を有する文化的表現[*2]である。そして，著作権法は著作物が生み出され（創出），世の中に送り出され（媒介），享受されるプロセスに関わるアクターの行動に影響を与える。

　私たちは従来，専ら著作物に関する「ユーザー」という形で，著作物が伝達される経路の末端に位置する享受者に位置づけられていた。しかし，とりわけインターネットの普及というデジタル技術とネットワーク技術の進展により，例えばソーシャル・ネットワーキング・サービス（SNS）などを通じたコミュニケーションに代表されるように[*3]，私たち社会の構成員のほとんどが，著作物を生み出し，世の中に広め，そして享受する営みに関係している。

　つまり，現代社会においては，**著作権法はもはや文化芸術，コンテンツ，エンタメなどの「業界に関わる法律」ではなく，「万人に関わる法律」**となっている。この現状に鑑みると，将来における社会の担い手である児童・生徒が著作権制度について基本的な理解を有していることが望ましいという事実は否定できない。

　この点では，2012年（平成24年）の著作権法改正において，音楽・映像を対象として，いわゆる「**違法ダウンロードの刑事罰化**」（119条3項）が導入された際に，文化庁が一般向けに加えて，**子ども向けのQ&A**を公表していることが注目される[*4]。また，2020年（令和2年）の著作権法改正により，「ダウンロード違法化」の対象範囲が拡張されたが[*5]，改正法の附則2条2項は，「国

[*2]　ここで「文化的表現」という表現を用いたのは，我が国の著作権法が目的規定（1条）において「文化的所産」という言葉を用いるとともに，著作権の保護対象である「著作物」について「思想又は感情を創作的に表現したものであって，文芸，学術，美術又は音楽の範囲に属するものをいう」（2条1項1号）と定義しているためである。

[*3]　Twitterのいわゆる「リツイート」に関する近時の最高裁判決（最判令和2年7月21日民集74巻4号1407頁〔リツイート事件〕）は，Twitterの一般利用者が媒介者としての機能を果たし，かつ，その行為が著作者人格権侵害を引き起こす可能性があるという事実を明らかにしている。

[*4]　文化庁「違法ダウンロードが罰則の対象となることについて知っておきたいこと（子ども用）」（2012年7月24日）（https://www.bunka.go.jp/seisaku/chosakuken/hokaisei/download_qa/pdf/dl_qa_child_ver2.pdf）。

及び地方公共団体は，未成年者があらゆる機会を通じて特定侵害行為の防止の重要性に対する理解を深めることができるよう，学校その他の様々な場を通じて特定侵害行為の防止に関する教育の充実を図らなければならない」と求めている。「ダウンロード違法化」が子供や未成年者を含む一般国民の情報収集活動や表現活動と密接に関係するがゆえに，子供や未成年者向けの普及啓発活動の重要性が説かれているわけであり，著作権法が「万人に関わる法律」であるという事実を改めて確認できる。

2　初中等教育における「著作権教育」の位置づけ

それでは，初中等教育では，「著作権教育」に関係する内容はどのような位置づけにあるのだろうか。ここでは，2020年（令和2年）4月1日から施行された小学校学習指導要領，2021年（令和3年）4月1日から施行予定の中学校学習指導要領，および，2022年（令和4年）4月1日から施行予定である高等学校の学習指導要領を参照する。

小学校の学習指導要領[6]では，「総則」の「第2　教育課程の編成」において，「各学校においては，児童の発達の段階を考慮し，言語能力，情報活用能力（情報モラルを含む。），問題発見・解決能力等の学習の基盤となる資質・能力を育成していくことができるよう，各教科等の特質を生かし，教科等横断的な視点から教育課程の編成を図るものとする」[7]とされており，各教科においてコンピュータや情報通信ネットワークを積極的に活用することが推奨されるとともに，道徳において，「情報モラル」に関する指導を充実すること[8]が求められている。なお，小学校の学習指導要領には，著作権という言葉は登場し

---

*5 「侵害コンテンツのダウンロード違法化」に関する混乱と改正法の内容については，小島立「『ダウンロード違法化の対象範囲の見直し』についての議論を振り返る」情報法制研究6号（2019年）22頁，小島立「令和2年著作権法改正における『侵害コンテンツのダウンロード違法化』について」法学教室482号（2020年）56頁。

*6 文部科学省『小学校学習指導要領（平成29年告示）』（2017年）〔https://www.mext.go.jp/content/1413522_001.pdf〕。

*7 小学校学習指導要領（平成29年告示）19頁。

*8 小学校学習指導要領（平成29年告示）171頁。

ない。

　中学校の学習指導要領[*9] では，小学校と同様に「情報モラル」についての
記述が見られるとともに，「技術・家庭」の「情報の技術」について，「情報の
デジタル化の方法と情報の量，著作権を含めた知的財産権，発信した情報に対
する責任，及び社会におけるサイバーセキュリティが重要であることについて
も扱うこと」[*10] と書かれており，著作権という言葉が登場する。

　高等学校の学習指導要領[*11] では，複数の科目において著作権に関する記述
がなされている。

　「工業」では，「第5　工業情報数理」において，「情報化の進展が産業社会
に及ぼす影響や望ましい情報社会の在り方，情報技術を適切に活用することの
必要性を理解できるよう工夫して指導すること」という項目に関し，「個人の
プライバシーや著作権など知的財産の保護，収集した情報の管理，受け手のこ
とを想定した情報コンテンツの制作及び発信する情報に対する責任についても
扱うこと。……情報セキュリティを高めるための方法を扱うこと。また，情報
を保護することの必要性とそのための法規及び個人の責任を扱うこと」に配慮
することが求められている[*12]。

　「商業」では，「第6　商品開発と流通」において，「商品開発と流通に関す
る理論を実験などにより確認する学習活動及び商品開発と流通に関する具体的
な課題を設定し，科学的な根拠に基づいて商品開発と流通に関する計画を立案
して提案などを行う学習活動を通して，商品開発と流通に適切に取り組むこと
ができるようにすること」という項目に関連して，「商標権，意匠権，著作権
の概要，ビジネスにおける知的財産の活用と保護の重要性及び登録の出願手続
の概要について扱うこと」に配慮することが求められている[*13]。

　「家庭」では，「第3　生活産業情報」の「情報モラルとセキュリティ」にお

いて，「個人のプライバシーや著作権など知的財産の保護，収集した情報の管理，発信する情報に対する責任などの情報モラル及び情報通信ネットワークにおけるセキュリティ管理の重要性を扱い，関連する法規等についても触れること」に配慮することが求められている[*14]。

「看護」では，「第 13　看護情報」の「情報社会の倫理と責任」において，「個人のプライバシーや著作権を含む知的財産の保護，個人における情報の管理や発信に関する責任について，法令と関連付けて扱うこと」に配慮することが求められている[*15]。

これら学習指導要領の記述からは，著作権に関係する内容が「情報モラル」を構成する一部であると理解されている事実が確認できる。「情報モラル」とは，「情報社会で適正に活動するための基となる考え方や態度」[*16]を指す。

3　いわゆる「知財教育」および「知財創造教育」との関係

著作権は知的財産権の一部であるから（知的財産基本法 2 条 2 項），「著作権教育」は，いわゆる「知財教育」および「知財創造教育」とも関係する。

いわゆる「知的財産立国」の方向性を示すものとして策定された「知的財産戦略大綱」（2002 年 7 月 3 日）では，「創造性を育む教育・研究人材の充実」を進めるべく，「児童・生徒に対する知的財産教育の推進」という項目において，初中等教育における知的財産教育の重要性が謳われている[*17]。そして，「知的財産の創造，保護及び活用に関する推進計画〔知的財産推進計画〕」（知的財産基

*14　高等学校学習指導要領（平成 30 年告示）369 頁。

*15　高等学校学習指導要領（平成 30 年告示）405 頁。

*16　文部科学省「教育の情報化に関する手引」（2010 年）117 頁（http://www.mext.go.jp/component/a_menu/education/detail/__icsFiles/afieldfile/2010/12/13/1259416_10.pdf）。

*17　知的財産戦略大綱（https://www.kantei.go.jp/jp/singi/titeki/kettei/020703taikou.html）においては，「知的財産教育の推進」として，「児童・生徒に対する知的財産教育の推進」と「大学生一般に対する知的財産教育の推進」が掲げられている。「児童・生徒に対する知的財産教育の推進」においては，「2002 年度以降，知的財産意識の啓発，創造性の重要性に関する教材，副読本の提供など，初等・中等教育における知的財産に関する教育の推進を図るとともに，教職員に対する知的財産制度のセミナーの実施等により，知的財産に関する教育手法の研究等，教育者の知的財産制度に関する知識向上を図る。（文部科学省，経済産業省）」と書かれている。

本法23条）において，「知的財産に関する教育の振興及び人材の確保等に関し政府が集中的かつ計画的に講ずべき施策」（同条2項3号）という形で，いわゆる「知財教育」に関する施策が講じられてきた[18]。

近時の「知財教育」においては，「知財創造教育」という言葉が用いられることが増えてきた。この背景には，「『知的財産推進計画2015』に盛り込まれた施策『知財教育の推進』について，『知的財産推進計画2016』では『知財教育タスクフォース』の議論も踏まえながら，国民一人ひとりが創造性豊かに知的財産を創り出し，使いこなせることを目指すという方向性を掲げ，地域・社会と協働した，発達の段階に応じた系統的な知財教育の推進に着手した」[19] という事情が挙げられる。

「知財創造教育」においては，「『新しい創造をすること』，『創造されたものを尊重すること』を楽しみながら理解させ育むことにより，社会を豊かにしていこうとする」[20] ことが目指されている。ここで，「新しい創造をする」については「『いいな』を思い描き実現する」，「創造されたものを尊重する」については「他人との違いを認め尊重する」という括弧書が付されていることも注目される。

「知財創造教育」の背景事情には，「社会や産業の構造が大きく変化しようとしており，その担い手となる児童・生徒に求められることも変化してきてい」ること[21] が挙げられており，児童・生徒には，「コンピュータを使いこなしたうえで，人間にしかできない発想をすること」，「共感や体験を伝えたり提供したりすること」，「明確な解がなかったり，複数の解がある問題に対応すること」，「将来を想像し，それを具体的に実現させるアイデアを出すこと（＝構想すること）」が求められると説明されている[22]。

*18　知的財産推進計画における「知財教育」の位置づけの全体像については，村松浩幸＝片桐昌直＝松岡守＝谷口牧子＝世良清「知財政策における知財教育の位置づけと提言」日本知財学会誌12巻1号（2015年）7頁に掲げられた図による整理が分かりやすい。

*19　内閣府知的財産戦略推進事務局「知財創造教育」（https://www.kantei.go.jp/jp/singi/titeki2/tizaikyoiku.html）。

*20　内閣府知的財産戦略推進事務局「知財創造教育」（2018年）（https://www.kantei.go.jp/jp/singi/titeki2/tizaikyouiku/pdf/s-1.pdf）。

*21　内閣府知的財産戦略推進事務局・前掲注20。

「知財創造教育」については，「知財創造教育は，先生が創造性を育むということを意識することで，普段の授業の中で行える」，「総合的な学習の時間やクラブ活動などにおいて，より発展的な内容を扱うこともでき」ると説かれている[23]。つまり，「知財創造教育」では，知的財産権に関するルールだけを取り上げて教えるのではなく，私たちが生きる社会における「創造的（クリエイティブ）」な営みにおいて，知的財産権や知的財産法のルールなどがどのような機能を果たしているのかということについて，より幅広い観点から教育することが期待されている[24]。

4　いわゆる「法教育」などとの関係

「著作権教育」は，著作権法という法制度を前提として構築されるべきものである以上，いわゆる「法教育」[25]の一環でもある。「法教育」とは，「法律専門家ではない一般の人々が，法や司法制度，これらの基礎になっている価値を理解し，法的なものの考え方を身に付けるための教育を特に意味するもの」であり，「法曹養成のための法学教育などとは異なり，法律専門家ではない一般の人々が対象であること，法律の条文や制度を覚える知識型の教育ではなく，法やルールの背景にある価値観や司法制度の機能，意義を考える思考型の教育であること，社会に参加することの重要性を意識付ける社会参加型の教育であることに大きな特色がある」と指摘されている[26]。

---

*22　内閣府知的財産戦略推進事務局・前掲注20。

*23　内閣府知的財産戦略推進事務局・前掲注20。

*24　筆者は，2018年度に，九州地域における「知財創造教育」の「地域コンソーシアム」の委員を務めた経験がある。その際の報告書は，発明推進協会「地域・社会と協働した『知財創造教育』に資する学習支援体制の調査（九州）最終報告書」（2019年）（https://www.kantei.go.jp/jp/singi/titeki2/tizaikyouiku/pdf/f_report8.pdf）を参照されたい。

*25　「法教育」については，法教育研究会『我が国における法教育の普及・発展を目指して——新たな時代の自由かつ公正な社会の担い手をはぐくむために』（2004年）（http://www.moj.go.jp/content/000004217.pdf），大村敦志＝土井真一編著『法教育の目指すもの——その実践に向けて』（商事法務，2009年）のほか，ジュリスト1266号（2004年）の「特集　法教育の充実をめざして」，ジュリスト1353号（2008年）の「特集　加速する法教育」，ジュリスト1404号（2010年）の「特集　法教育と法律学の課題」なども参照。

「法教育」の必要性が増している背景には，裁判員制度をはじめとする「国民の司法参加」の重要性が高まっていることが挙げられる。法教育についての報告書[*27]のタイトルが示す「自由かつ公正な社会の担い手をはぐくむ」という視点は，広い意味での「市民教育」や「シティズンシップ教育」，「主権者教育」などの趣旨とも重なる[*28]。これらの教育内容について説かれている趣旨は，私たちが市民として，どのように著作権制度に向き合っていくべきかという態度を涵養する点において，「著作権教育」にも反映されるべきであろう[*29]。

第3節　「著作権教育」の現状と課題について

Theme3.

　「著作権教育」の中で用いられている教材の観察と分析を行いながら，「著作権教育」の現状と課題について考えてみよう。

1　著作権教育で用いられている教材の具体例

　以下では，公益社団法人著作権情報センターの『5分でできる著作権教育』を素材として取り上げる。初めに，この教材が示す「著作権教育の段階的指導

---

*26　法教育研究会・前掲注25・5頁。

*27　法教育研究会・前掲注25。

*28　「市民教育」や「シティズンシップ教育」については，経済産業省「シティズンシップ教育と経済社会での人々の活躍についての研究会報告書」（2006年）（http://www.akaruisenkyo.or.jp/wp/wp-content/uploads/2012/10/hokokusho.pdf），また，「主権者教育」については，『「常時啓発事業のあり方等研究会」最終報告書――社会に参加し，自ら考え，自ら判断する主権者を目指して～新たなステージ『主権者教育』へ～』（2011年）（http://www.soumu.go.jp/main_content/000141752.pdf）を参照。

*29　田村善之「法教育と著作権法――政策形成過程のバイアス矯正としての放任との相剋」ジュリスト1404号（2010年）35頁。また，岡本薫『小中学生のための初めて学ぶ著作権〔新装改訂版〕』（朝日学生新聞社，2019年）は，「著作権というものは，実は『みなさんが大人になったときに，日本人は，自由と民主主義を使いこなせるのか？』――という，日本全体の将来に影響する『非常に大きな問題』と，深く関係している」（270頁）という観点から執筆されている。

モデル」*30 をみてみよう。

ここでは，「A　作者の気持ちの尊重　作品の価値の認識，尊重」，「B　権利と義務，契約の重要性　情報モラル」，「C　著作権のルール（著作物，権利の内容，保護期間等）」，「D　著作権の例外」，「E　実演家等の権利」，「F　権利の集中的管理」という具合にレベルと教育目標が設定されている【図表15】。

次に，「校種・科目別授業案」*31 に掲げられている事例をみてみよう。ここには小学校，中学校および高校の具体的な教科を念頭に，様々な事例が掲げられている。

「友だちの撮った写真をホームページに使う（小学校社会3・4年，段階的指導モデルA）」は，「例えば社会科の地域の調べ学習をまとめる学習活動の中で，友だちが撮影した写真を使いたくなる場面を想定している」が，この事例における「『著作権教育』の学習のねらいと指導のポイント」には以下のように書かれている*32。

> **「著作権教育」の学習のねらいと指導のポイント**
> ●写真など作品には著作権があり，勝手に使ってはいけないことを知らせる。
> ・作品には作者の工夫や苦労が込められていることに気付かせ，黙って使うことの問題点に気付かせる。
> ●了解をもらえば使えることを知らせる。
> ・了解のもらい方を身につける。
> ・了解をもらうことでより良い作品になったことを体験させる。

さらに，「小物入れやエプロン作りで，アニメのキャラクターを利用する（小学校家庭5・6年，段階的指導モデルA）」は，「家庭科の作品づくりで，マンガやアニメ，テレビゲームなどのキャラクターを真似する場合を想定しており」，「著作物を大切にする態度とオリジナルの作品を創作しようとする

---

*30　公益社団法人著作権情報センター（CRIC）＝一般社団法人日本教育情報化振興会（JAPET）「5分でできる著作権教育」（http://chosakuken.jp/）。このウェブサイトの内容の一部は，当初，社団法人著作権情報センター（CRIC）＝社団法人日本教育工学振興会（JAPET）『5分でできる著作権教育——すべての先生が気軽に取り組むためのWeb教材』（2011年）として出版された。

*31　http://chosakuken.jp/example_list.html

*32　著作権法情報センター＝日本教育情報化振興会・前掲注30・4頁（http://chosakuken.jp/common/pdf/el/ver04_02el_shakai_small.pdf）。

【図表 15】

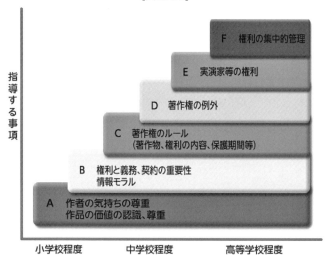

指導する事項

F　権利の集中的管理

E　実演家等の権利

D　著作権の例外

C　著作権のルール
　　(著作物、権利の内容、保護期間等)

B　権利と義務、契約の重要性
　　情報モラル

A　作者の気持ちの尊重
　　作品の価値の認識、尊重

小学校程度　　　　中学校程度　　　　高等学校程度

意欲を育てる事例」であると位置づけられている。そして，この事例における
「『著作権教育』の学習のねらいと指導のポイント」には以下のように書かれて
いる[*33]。

　「著作権教育」の学習のねらいと指導のポイント

　●キャラクターにはそれを考え，作った人がいて，著作権があることを理解
　　する。

　・作った人の工夫や苦労に気付かせ，他の人の作品を尊重させる。

　・参考にするのはよいが，そっくり真似してはいけないことを理解させる。

　・自分の作品には使えるが発表はできない。

　●オリジナル作品を作ることに価値があることを理解させる。

*33　著作権法情報センター＝日本教育情報化振興会・前掲注 30・6 頁（http://chosakuken.jp/
　common/pdf/el/ver04_09el_katei_small.pdf）。

2 これまでの「著作権教育」の教材からみえてくること

　以下では，これまでの「著作権教育」の教材等の観察と分析に基づき，現在の「著作権教育」の特徴の抽出を試みる。

　第1に，複数の教材等において，「著作権教育」の初期の段階から（あるいは，初期の段階ほど），「モラル」や「倫理」の要素が強調されていることが観察される。また，教材の中には，他人が作った作品の価値を尊重する，あるいは，作者の気持ちを尊重するということから，作品を「黙って使うことの問題点」に直結した説明がなされていると思われるものも存在する。

　しかし，「作者の気持ちの尊重」や「作品の価値の認識，尊重」が重要であることと，当該作品を「黙って使うことの問題点」とは，論理必然にはつながらないはずである[*34]。また，原作者の「了解」を得た方が，どのような意味で「より良い」作品になるのかという点についても，必ずしも論理的に明らかにされていないように感じられる。

　例えば，現代社会において「二次創作」の営みが活発になされていることは，いわゆる「コミックマーケット（コミケ）」の盛況ぶりなどからも窺える。それら「二次創作」の作品の多くは著作者の許諾を得ない形でなされているはずであるものの，「二次創作」の関係者のほとんどは，原作品を軽視しているどころか，むしろ「リスペクト」しているからこそ，そのような営みに関わっているだろうと想像される。つまり，原作者の「了解」を得ることと，それによって二次的な作品が「より良い」ものになるかどうかということは，論理的には直結しないはずである。

　第2に，「学び」における「模倣」の問題をどのように位置づけるべきか，という点がある。「学ぶ」という言葉は「真似ぶ」から派生しているともいわれるように，学問研究，芸術，スポーツ，料理，工芸などの「職人芸」を含め，人間が知的活動の所産を生み出すプロセスにおいては，先人の業績を「模倣」するプロセスが必ず存在する[*35]。特に「著作権教育」がなされる初中等教育

第6章　学生・生徒への著作権教育

---

*34　この点は，本文において記述した「二次創作」に加えて，「オマージュ」，「本歌取り」，「パロディ」などの文化的な営みをどのように理解すべきかといった問題と深く関係する。

の段階においては，児童や生徒は，先人の残した技を「真似る」ことを通じて基本的な技能に習熟することを疎かにしてはならないはずであり，その「模倣」のプロセスを経て初めて，「オリジナル作品を作ることに価値がある」ということの意味について実感することが可能になるはずである[36]。

　また，教育現場においては，著作権法35条（学校その他の教育機関における複製等）や38条（営利を目的としない上演等）などの権利制限規定が重要であるとともに，児童や生徒に引用（32条）を適切に行わせることも指導せねばならない。教育現場における著作物の利用の実情に鑑みると，権利制限規定が適用されるケースについて，「著作権の『例外』」（段階的指導モデルD，6段階のうちの第4段階）に位置づけることが適切なのだろうか[37]，という疑問も湧いてくる。

　ここまでの観察と分析からは，「著作権教育」の基本的なトーンが「モラル」や「倫理」を強調した「禁止教育」となっていることが窺える。そこでは，著作権制度の存在理由や社会で果たしている機能についての説明が積極的になされているようには見受けられない。

　この背景には，学習指導要領に掲げられている著作権に関する内容が，前述したように，特に初等教育の段階において「情報モラル」の一部を構成していることも影響している可能性がある。情報モラルに関する教育内容は，小学校および中学校では「道徳」の授業の中で行われることが期待されているため，どうしても著作権制度やそれを取り巻く環境についてのルールを合理的に説明するよりは，「モラル」や「倫理」に傾きがちになってしまうのかもしれない。

---

*35　佐々木毅『学ぶとはどういうことか』（講談社，2012年）80頁以下は，学びは，「知る」，「理解する」，「疑う」，「超える」の4段階から構成されると論じる。「知る」について論じている同書82頁は，「初等・中等教育は『学ぶ』というよりは基本的に『勉強』という言葉が適当な世界である。それはお手本があり，基本的にはそれを模倣する世界である」と述べる。

*36　例えば，いわゆる「習字教室」では，生徒はお手本をできるだけ忠実に模倣することを通じて綺麗に文字が書けるようにトレーニングを重ねるが，習字教室に通ったことがある者は，お手本の模倣を正確に行うことがいかに難しいかと痛感させられた経験を有するはずである（筆者もその一人である）。そして，習字における模倣の難しさを体験したことがある者は，歴史上の偉大な書家の芸術性の高さをより実感することができるようになるだろう。

*37　この事実からは，「著作権の例外」を「著作権教育」の「初歩」で取り上げるべきではない，という考えが伺える。川瀬真監修，大和淳＝野中陽一＝山本光編『先生のための入門書　著作権教育の第一歩』（三省堂，2013年）11頁も，「『例外規定』は上級者コース」という説明を行っている。

第4節　現在の「著作権教育」を乗り越える手がかりは存在しないのか？

Theme4.
これまでの「著作権教育」の課題を乗り越える手がかりを与えてくれるモデルは存在しないのだろうか。

　ここまで，現在の「著作権教育」で用いられている教材の観察および分析を行い，そこからみえてくる課題について検討した。著作権制度の存在理由や正当化根拠について初中等教育の段階で噛み砕いて教えることが難しいと思われてきたからこそ，「著作権教育」の基本的なトーンが「モラル」や「倫理」を強調するものになっているのかもしれない。

　それでは，「著作権教育」にみられる課題を乗り越える手がかりを与えてくれるモデルは存在しないのだろうか。以下では，これまでの著作権教育への「対案」を模索するため，一般社団法人日本レコード協会が公表している「ハッピーミュージックサイクル」*38 を素材として取り上げる。

　ここでは，音楽に関係するアクターとして，「購入する，楽しむ」役割を担う「音楽リスナー」，「音楽を作り出す」役割を担う「作詞家・作曲家」，「歌う，演奏する」役割を担う「歌手・演奏家」，「商品にし，売り出す」役割を担う「レコード会社など」，そして，「紹介し，販売する」役割を担う「CDショップ，音楽配信会社など」が挙げられている。

　そこでは，私たちが違法サイトからのダウンロードによって音楽を正規に購入しなくなってしまったら，「ハッピーミュージックサイクル」を支えることが難しくなってしまうとともに，著作権は「未来の音楽」を守るためのルール

---

*38　「ハッピーミュージックサイクル」については，日本レコード協会「守ろう大切な音楽を♪」の「音楽創造のサイクル」の説明を参照（http://www.riaj.or.jp/f/image/leg/lovemusic/index_il003L.jpg）。本書のスペースの関係上，図の配置に一部修正を加えている。

【図表16】

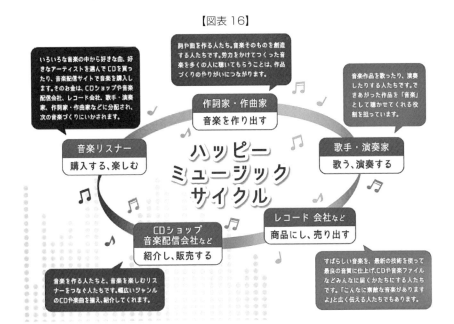

いろいろな音楽の中から好きな曲、好きなアーティストを選んでCDを買ったり、音楽配信サイトで音楽を購入します。そのお金は、CDショップや音楽配信会社、レコード会社、歌手・演奏家、作詞家・作曲家などに分配され、次の音楽づくりにいかされます。

詞や曲を作る人たち。音楽そのものを創造する人たちです。努力をかけてつくった音楽を多くの人に聴いてもらうことは、作品づくりのやりがいにつながります。

音楽作品を歌ったり、演奏したりする人たちです。できあがった作品を「音楽」として届けてくれる役割を担っています。

作詞家・作曲家
音楽を作り出す

音楽リスナー
購入する、楽しむ

ハッピー
ミュージック
サイクル

歌手・演奏家
歌う、演奏する

CDショップ
音楽配信会社など
紹介し、販売する

レコード 会社など
商品にし、売り出す

音楽を作る人たちと、音楽を楽しむリスナーをつなぐ人たちです。幅広いジャンルのCDや楽曲を揃え、紹介してくれます。

すばらしい音楽を、最新の技術を使って最良の音質に仕上げ、CDや音楽ファイルなどみんなに届くかたちにする人たちです。「こんなに素敵な音楽がありますよ」と広く伝える人たちでもあります。

として機能している，という説明がなされている。

「ハッピーミュージックサイクル」では，児童や生徒に分かりやすい形で，著作物がどのような形で生み出され，世の中に送り出されて，享受されるのかということや，その「サイクル」を「ビジネス」として成立させるために，どのような役割を果たす主体が社会に存在するのかという説明がなされている。そのような「ビジネス」の実態に即した説明を行うことによって，著作権が社会で果たす機能について，「モラル」や「倫理」に頼らない形で正当化を行うことも可能となるだろう。

もし、みんなが
音楽を買わなく
なってしまったら
どうなるの？

違法サイトからのダウンロードによって皆さんが音楽を正規に購入しなくなってしまったら、一生けんめい作品を生み出した人たちは正当な対価を得られなくなり、新しい音楽を作ることが難しくなってしまいます。未来の音楽を守るためのルール、それが著作権です。

つまり，著作権制度に関係している社会の様々なアクターが，それぞれの「持ち場」においてどのような役割を担っているのかということをより客観的に説明することに成功すれば，結果として，より多くの社会の構成員が著作権の必要性について「納得感」を得られる可能性が高まることが期待される。

第5節 「著作権教育」を行ううえでの基本的視座はいかにあるべきか？

1 著作権が社会において果たしている役割

以下では，より良い「著作権教育」を行うための基本的視座について考えてみたい[39]。著作権が社会において果たしている役割についてより正確に理解するためには，「ハッピーミュージックサイクル」からも分かるように，著作物を生み出す者（著作者），著作物を世の中に送り出す者（媒介者）および著作物を享受する者（享受者）の三者の関係に注目することが有益であろう。筆者の考える限り，著作権が社会において果たしている役割は，以下の3つに大きく分類することができるように思われる。

(1) 著作物を世の中に送り出す過程で著作者と媒介者の交渉を促進する

著作者が著作物を生み出すことなしに，私たち享受者は著作物を享受できない。しかし，伝統的には，著作者は自らの著作物を世の中に送り出すことができる「資源（リソース）」[40] を十分に持っていないことが多く，媒介者（メディア）の有するリソースに専ら依存してきた。

例えば，ある文芸作品の原稿が書籍として出版され，読者を獲得しないこと

---

[39] 現時点における筆者の理解については，小島立「文化的表現の多様性における著作権法の役割」法学セミナー760号（2018年）44-48頁を参照されたい。

[40] ここでの「リソース」には，資金，物資などのほか，人的なリソース（いわゆる「ヒューマン・キャピタル（人的資本）」）や，あるアクターと別のアクターをつなぐことができるリソース（いわゆる「ソーシャル・キャピタル（社会関係資本）」）などを含めている。

には，当該文芸作品の原稿の作者は「作家」として認知されることはない。このことからも，出版社という媒介者の果たしている役割の重要性が認識されるだろう。もし当該文芸作品の原稿が書籍や雑誌原稿の形で出版されないままであれば，それは公表されることが通常予定されずに私たちが記録している日々の日記などと大差ないはずだからである。

　著作者が，媒介者の力を借りて，自らの著作物を世の中に送り出したいと考える場合には，媒介者と交渉することが必要になる。しかし，もし著作者が生み出した文化的表現に著作権や著作者人格権が発生しなければ，媒介者はその文化的表現を勝手に複製して販売したり，著作者の氏名を表示しなかったり，表現を変えてしまったりするかもしれない。このような「不確実性」が存在する状況では，著作者は安心して媒介者と交渉することをためらうであろう。著作者が著作権と著作者人格権を享有する（17条1項）という原則があることによって，著作者はより安心して媒介者との交渉に臨むことができ，結果として著作物が世の中に送り出される可能性が高まると考えられる。

(2)　著作物が世の中に送り出された後の著作者と媒介者の間の力関係への影響

　媒介者は，通常は「ビジネス」としてその役割を担っていることが多いと想像されるから，どの著作物を「商品化」して世の中に送り出すべきかという点で，一定の「選抜」を行わなくてはならない。媒介者が経営を成り立たせるためにはどの著作物がヒットしそうか，媒介者の看板を背負いながら自信を持って世の中に送り出せる著作物はどれかといったことを見極めたうえで，著作物の販売や販売促進の活動などを行いたいと媒介者が考えるのは自然なことだろう。例えば，出版社の編集者が執筆者に行う助言や校正などで果たす役割の大きさは，多くの書籍において著作者が編集者に謝辞を示していることからも明らかであり，媒介者が果たす「品質管理」の重要性が窺える。このように，媒介者は，著作物が世の中に送り出される際のいわば「門番（ゲートキーパー）」の役割を担っている。

　著作物の媒介者は，一般的に複数（または多数）の著作物の媒介に関わることが多い。この事実は，例えば出版社が多くの作家の作品を商品化したうえで

213

世に送り出していることが観察できる。しかしながら，媒介者が取り扱う著作物が実装された作品の全てが市場で人気を獲得できるわけではないことも明らかである。

　著作物が作品の形で媒介者によって実装されて世の中に送り出す際に供給するリソースは，それが供給される「事前」の段階では，将来的に「回収」可能かどうかが分からないという点でリスクを抱えている。ある一定以上の確率で，ある著作物が実装された作品が「大ヒット」すれば，媒介者は自らの経営を成り立たせることができる可能性が高まる。また，一部の「スーパースター」の手になる「ベストセラー」があるおかげで，現段階では相対的に売れ行きの悪い著作者の作品が世に出るチャンスを得ている可能性もある。現段階で相対的に売れ行きの悪い著作者の中には，過去に「スーパースター」だった「功労者」もいるかもしれないし，将来の「スーパースター」の卵も混じっているかもしれない。著作物に関する「新陳代謝」が行われなければ，いつまでも同じ顔ぶれの著作者の作品だけが享受されることにもなりかねず，社会における著作物の多様性は確保されないだろう。

　ある著作物が実装された作品が市場において高い人気を獲得すれば，サプライチェーンにおいて作品が世の中に送り出される方向と反対向きに，増殖されたリソース（一般的には，大きな利益や高い名声など）が返ってくる。その増殖されたリソースは，まずは媒介者のところに返ってくることになり，著作者と媒介者の間でそのリソースの「分け前」の分配がなされる。その際に，どのような割合で分配がなされるかは，著作者と媒介者の「力関係」で決まるといえそうである。著作物を作品に実装し，かつ，世の中に送り出す際にリスクを取りつつリソースを供給しているのは媒介者であることが多いから，媒介者が相対的に多めの「分け前」に与ったからといって，必ずしも不合理であるとはいえないだろう。

　前述したとおり，著作権は著作者が保有する（17条1項）ことが原則であるものの，職務上作成された著作物については，法人が著作者となり（いわゆる「職務著作」。15条），著作権と著作者人格権の両方が法人に帰属する。また，著作権は譲渡可能な財産権であるから（61条1項），著作者が著作物を生み出す前に，著作者と媒介者の間の契約によって著作権が媒介者に移転することが定

められている場合もある。

　著作権を著作者と媒介者のどちらが有しているかということは，著作物が世の中に送り出され，増殖されたリソースの「分け前」がなされる際の当事者間の「力関係」に影響する。もし媒介者が「分け前」の分配などを含めて著作者のことを大切に取り扱っていないと著作者が感じ，かつ，著作者が自らの作品についての著作権を有していれば，自らのことをより大切に扱ってくれるかもしれない他の媒介者に依頼して著作物を世の中に送り出してもらうための交渉を行いやすくなるだろう[*41]。しかし，著作者が自らの作品についての著作権を有していなければ，他の媒介者は当該著作者の作品の媒介を行うことができないはずであるから，当該著作者が将来において売れ行きの良い作品を書いてくれるかどうかということを見極めないといけなくなる。したがって，著作者が自らの作品について著作権を有していない場合には，著作者が自らの作品についての著作権を有している場合に比べて交渉力が下がると予想される。

　また，ここまでの観察と分析からは，著作権の持つ意味が全ての著作者にとって同じではないという事実もみえてくる。「スーパースター」にとっての著作権と，駆け出しで無名の者にとっての著作権は，「現時点」では同一の機能を果たしていないことは明らかであり，したがって「権利者」という言葉で括られる者の利害状況は大きく異なっている。

(3)　いわゆる「模倣品」への対策

　市場において高い人気を獲得する作品が登場すると，いわば「二匹目のドジョウ」を狙うべく，いわゆる「模倣品」の製造および販売を行う者が現れることは珍しくない。媒介者が市場に置いた作品について，その模倣品が出回ることを止められないのであれば，媒介者は様々なリソースと「リスクマネー」[*42]を負担してまで作品を世の中に送り出そうと思わなくなるかもしれない。した

[*41]　著作権とは別に，著作者と媒介者の間で，著作物の世の中への送り出しに関しては媒介者が独占的に担う旨の契約などが結ばれていれば，著作者は媒介者から離脱して，別の媒介者に乗り換えることがしにくくなるだろう。

[*42]　内藤篤『エンタテインメント契約法〔第3版〕』（商事法務，2012年）26頁は，「投下対象たるコンテンツの利用によって回収されることを意欲されたお金」を「リスクマネー」と表現している。

がって，媒介者がそのようなリスクを取ってビジネスを行うことを支援したいのであれば，一定の範囲の模倣品を市場から駆逐する力を与えることが望ましいであろう。

著作権は模倣品を市場から排除する力を与えるものであり（112条1項参照），著作物が実装されている作品については，前述したとおり，著作者と媒介者のいずれかが著作権を有していることが多いはずである。したがって，著作物が実装されている作品の著作者か媒介者のいずれかが著作権を行使することによって，模倣品を一網打尽に市場から駆逐することが可能となる。

2　著作権に関係するアクターの間の利害調整

ここまで，著作権が社会において果たしている機能について観察と分析を行った。ある文化的表現が著作物（2条1項1号）と認められれば，当該著作物を模倣したい者は，当該著作物の権利者（通常は著作者か媒介者のいずれか）の許諾なしには，当該文化的表現と同一または類似する文化的表現の創出と媒介を行うことが難しくなることは明らかである。

しかし，私たちが表現活動を行う際には，「お手本」をもとに行う「稽古」はもとより，「本歌取り」，「パロディ」，「オマージュ」，「二次創作」などにみられるように，先行する文化的表現の模倣を伴うことが珍しくない。また，前述したように，教育課程における「学び」は，初中等教育であればあるほど，「真似び」の要素を多く含んでおり，模倣なしに教育は成り立たないと言っても過言ではない。

したがって，著作権法は，著作物（2条1項1号），保護範囲，依拠，権利制限（30条～50条），保護期間（51条以下）などの複数の要素を組み合わせて，ある著作物について，創作者，媒介者および享受者の間のバランスを取ることを目指している。ここまで本書を読まれてきた読者は，教育課程において適用される権利制限規定（例えば，32条・35条・38条など）を中心に，著作権法が権利者と利用者の間のバランスを取るべく，どれほど腐心しているかということの一端を感じていらっしゃるだろう。

また，「文化の多様性」，「多文化主義」，「社会（的）包摂」などの言葉にみ

られるように，現代社会においては，多様なアクターが多様な形で，文化的表現の創出や媒介に従事している。また，デジタル技術とネットワーク技術の進展により，私たちの誰もが文化的表現の創出，媒介および享受の過程に関われるようになっている。このように，現代社会において，著作権法が多様なアクターの利害を適切に調整する必要性はますます高まっている。

3　著作権について検討する際に必要とされる観点

(1)　文化的表現に関係する「業界」や「コミュニティ」における「慣習」や「規範」

　著作物の資格を得る文化的表現には，文芸作品，音楽，舞踊，建築，写真など，多種多様なものが含まれる。それらの文化的表現の創作，媒介および享受のあり方は，当該文化的表現が関係する「業界」や「コミュニティ」によって異なるとともに，当該「業界」や「コミュニティ」ごとに，その創出，媒介および享受に関わる「慣習」や「規範」が存在する。それらの「慣習」や「規範」は，当該「業界」や「コミュニティ」において，どのような文化的表現が著作物としての資格を有するべきか，保護範囲はどの範囲であるべきか，権利制限はどのようにあるべきかといったことに影響を与えるはずである。そうであれば，当該文化的表現が関係する「業界」や「コミュニティ」における「慣習」や「規範」の意味を探究することなしには，著作権に関係する様々な問題を解決することはできないだろう。

　つまり，著作権についての理解を深めたいのであれば，著作権法について学びを深めることはもちろんのこと，様々な文化的表現の創出，媒介および享受に関係する「クリエイティブ」な営みや「クリエイティブ産業」と，それらの「業界」や「コミュニティ」などに幅広く関心を寄せ，実態を深く知る努力を行うことが必要になる[*43]。

　また，現在では，著作者が一定の条件で著作物の利用や改変を許すという条件を付して著作物を社会に広める手段として，いわゆる「オープンソース」や「クリエイティブ・コモンズ・ライセンス」（→ p. 021 の「フリー素材」を参照），

などの手段も幅広く利用されている（「クリエイティブ・コモンズ・ライセンス（いわゆる「CCライセンス」）」については後述する）。ここでは，著作物が実装された商品の直接的な「売り買い」を通じて，著作者や媒介者が収益を得ることが企図されているわけではない。しかし，著作物が広く拡散されれば，著作者は名声等のリソースを獲得することができ，それを通じて新たなビジネスチャンスを得られるかもしれないし，媒介者も広告収入などを得られるかもしれない[*44]。

さらに，数は少ないものの，著作物を実装した「コンテンツ」を配信する際の広告収入などによって生計を立てることができる者（いわゆる「ユーチューバー（YouTuber）」など）も登場している。このような「マネタイズ」は，著作物を積極的に無料で拡散することに伴う広告収入によって成り立っており，著作物が実装されて価格がついている商品の「売り買い」によって収益を上げる形とは異なっている。

このように，現代社会における著作物の利活用のあり方は多様化している。しかし，無料での著作物へのアクセスを積極的に促進したいと考える者にとっても，著作物と著作者の「結びつき」が明示されていなければ，自らの社会的な評判や名声を高めることは難しくなるだろう。著作物の複製や改変の可能性を含め，著作物を世の中に広めることに対して積極的な役割を果たしているものの1つに「クリエイティブ・コモンズ・ライセンス（いわゆる「CCライセンス」）」が挙げられるが全てのCCライセンスに「作品の出所（クレジット）を表示する」という項目が含まれていることは，著作者人格権の中の「氏名表示

---

*43　現場を深く知るためには，社会の観察と記述を行う「社会調査」の能力を高めることが必要であり，生徒がより深い学びを行うために，教師の適切な指導のもとで現場にフィールドワークに出かけるといったことも推奨されるべきである。社会調査については，佐藤郁哉『フィールドワーク──書を持って街へ出よう〔増訂版〕』（新曜社，2006年），谷岡一郎『「社会調査」のウソ──リサーチ・リテラシーのすすめ』（文春新書，2000年）などを参照。前者はいわゆる「質的調査（定性的調査）」，後者は「量的調査（定量的調査）」について主に検討している。

*44　いわゆる「フリー（フリーミアム）」のビジネスモデルである。詳細は，クリス・アンダーソン（小林弘人監修・解説，高橋則明訳）『フリー──〈無料〉からお金を生みだす新戦略』（NHK出版，2009年）を参照。簡潔なまとめとしては，「独占インタビュー！『FREE』著者のクリス・アンダーソンが語る『無料経済を勝ち抜く企業と個人の条件』」（DIAMOND Online，2010年3月5日）（https://diamond.jp/articles/-/145）。

権」(19条) が果たす機能を考え
るうえで示唆的であろう。

【図表17】

表示
原作者のクレジット（氏名，作品タイトルなど）を表示することを主な条件とし，改変はもちろん，営利目的での二次利用も許可される最も自由度の高い CC ライセンス。[45]

(2) 著作物を社会に伝達して正当な評価を獲得し，それを通じて社会との関係性を構築する営みとの関係

　ここまでみてきたように，著作権制度は，複製物や公衆送信等の形で著作物が実装された商品が伝達される営みに関わるアクターに対して支援を行ってきたといえる。そして，伝統的に，このような著作物の大規模な拡散に従事するアクターは，そのような営みについてのリソース（いわゆる「リスクマネー」）を負担してきた。

　しかし，著作物の利活用のあり方が多様化している現代社会において，著作権制度は，著作物を実装した商品の「売り買い」に関係するアクターだけを支援しているわけではないという事実も，これまでの検討から明らかであろう。

　私たちが社会において生きていくためには，様々な知的成果物の創出，媒介および享受におけるリソースのやり取りが不可欠であり，著作権制度はそのプロセスに密接に関わっている。その営みのかなりの部分が，著作物を実装した商品の「売り買い」を行うか，「ユーチューバー」のように著作物を無料で提供するかといった違いはあるにせよ，著作物に関係するアクターが生計を立てる活動に関わっているという点でビジネスに関係している。

　また，今はビジネスに関わっているつもりはなくとも，読者の皆さんが過去または現在に生み出した著作物の評価を将来的に社会に問いたいと考える際にも，著作権制度がなければ，そのような営みを安心して行うことが難しくなる

---

*45　クリエイティブ・コモンズ・ライセンスについては，https://creativecommons.jp/licenses/ を参照。

かもしれないことは，創作者と媒介者の関係について考察した部分から明らかであろう。つまり，**私たちが著作物を社会に伝達して正当な評価を獲得し，それを通じて社会との関係性を構築する営みを支援するために，著作権は重要な役割を果たしているといえる。**

　「著作権教育」を行う際には，「モラル」や「倫理」に基づく説明を行うよりも，著作権が果たしている機能に着目した説明を行う方が納得感を得られるのではないかという問題意識から，ここまでの叙述では，著作権が社会で果たしている機能を「淡々と」観察および分析することを心がけてきた。その結果，私たちが著作物を社会に伝達して正当な評価を獲得し，それを通じて社会と関係性を構築する営みに著作権が関わる以上，著作物に関係するビジネスなどの「お金」の話をすることが避けられないという事実も明らかになってきた。

(3) 著作権教育に「パトロナージ」や「ファイナンス」の視点を導入する可能性

　これまでの分析からもみて取れるように，筆者は，著作権制度に関係するアクター相互間のリソースのやり取りは，広い意味での「パトロナージ（パトロネージュ）」に関する問題ではないかという仮説を抱いて研究を進めてきた。

　パトロナージとは，裕福な王侯貴族，寺社仏閣，教会などがいわゆる「パトロン」として，文化的表現を生み出す芸術家や職人に対して資源を提供する現象であり，古今東西の歴史に広くみられる[46]。文化的表現が一品制作の絵画や彫刻であれば，パトロンは制作のために必要なリソースを供給することに加えて，それを展示する場を提供することが期待される。また，音楽の場合にも，パトロンが作曲家をパトロナージするとともに，音楽を享受するためには演奏という実演行為が必要とされるため，パトロンが「お抱え楽団」を保有していたこともあった[47]。そして，パトロンは文化的表現の創出や媒介のあり方について，自らの意向に沿うように介入することも珍しくなかった。つまり，パトロンは「金も出すが口も出す」存在であったということである[48]。

---

[46] 文化芸術においてパトロンが果たしてきた役割については，高階秀爾『芸術のパトロンたち』（岩波新書，1997 年）参照。

このように，パトロンは媒介者としての役割を担っていたという事実が観察されるが，生み出される文化的表現が絵画や彫刻等の一品制作の原作品（オリジナル）であれば，所有権等でコントロールすれば，かなりの問題は処理可能であっただろう。また，音楽についても，王侯貴族等の「サロンミュージック」の要素が強かったはずであり，現在のように演奏を記録したり複製したりして大規模に拡散させる技術が当時は存在しておらず，小規模なコミュニティにおける「一期一会（ライブ）」の演奏のみが音楽の享受のあり方であった。このような形で文化的表現の創出，媒介および享受がなされ，その過程にパトロンが存在していた時代には，著作権制度の出る幕はほとんどなかったともいえるだろう。

しかし，時代が下り，複製技術や情報通信技術が発展してくると，創出される文化的表現が複製物，公衆送信等の形で社会に広く伝達されるようになる。このような形で文化的表現の創出，媒介および享受がなされる環境を支えているのが著作権制度であることは，前述した著作権が果たしている機能の観察および分析からも理解していただけるだろう。創作者が著作物としての資格を有する文化的表現の評価を世の中に問いたいという営みである点と，それを支える媒介者等のアクターとの関係でリソースのやり取りがなされているという点（このことは「ハッピーミュージックサイクル」にも示されている）を考慮すれば，著作物を取り巻く環境は，裕福な少数の王侯貴族等がパトロンとしてその「エコシステム」を支えている形態ではなく，私たち社会の構成員が，いわば「薄く広く」関わる形態の「パトロナージ」なのではないかという見方も可能かもしれない。

筆者の観察と分析によると，これまでの「著作権教育」において，このような「パトロナージ」の視点が明示的に語られることは稀であった[*49]。その背

---

*47　「交響曲の父」といわれるフランツ・ヨーゼフ・ハイドン（1732年〜1809年）の「パトロン」であったエステルハージ候は（1714年〜1790年）は「お抱え楽団」を有していた。ハイドンが作曲した作品の演奏には，エステルハージ候の邸宅や別荘などが演奏会場として用いられたはずである。エステルハージ候は，文化的表現の創出者であるハイドンをパトロナージする（リソースを供給する）とともに，自らを「メディア（媒介者）」の地位に立たせていると評価できる。

*48　近現代の文脈では，パトロンの介入が過剰であると考えられる場合には，憲法の定める表現の自由（憲法21条）や営業の自由（憲法22条）との緊張関係をはらむ可能性が出てくる。

景事情には，初中等教育において，文化芸術に関連する領域に「お金」の話を持ち込むことへの躊躇が存在している可能性があり[*50]，結果として，それが「著作権教育」のあり方に一定の影響を与えている可能性もあるかもしれない。

　さらに，筆者のように，パトロナージの観点から著作権制度を理解し，それをベースにして「著作権教育」を行うためには，その前提条件として，「ファイナンス」や「投資」といった事柄に対する一定の理解が必要なのかもしれない[*51]。数年前に，筆者が居住する福岡県で採択されている初中等教育における「社会科」の教科書のシェアトップ3を調べたところ，「金融」について若干の記述は見られたものの，「ファイナンス」や「投資」といった営みについての説明がなされている箇所を見つけることはできなかった。このような「社会科」の教科書の記述に鑑みると，著作権制度のあり方について，本節のような記述を行ううえでの前提知識が初中等教育において十分に提供されているとはいえないであろう。

　筆者としては，私たちが生活する社会の中で著作権制度が果たしている機能を合理的に説明することこそが，著作権に対する理解と共感を深めるために最も重要であると考えている。そうであれば，「著作権教育」をより充実させるためには，単に著作権に関係するルールを生徒に教えるだけではなく，著作権制度を社会の中に位置づけながら理解できるように教員自身が努めることが求められる。

　ここまでの観察と分析から分かるように，著作権に関係する内容は，学校教育の様々な科目と深く関わっている。そうであれば，例えば，音楽，美術，社会などの複数の科目を担当する教員が協力しながら，文化芸術の領域において著作権が果たす役割を検討するといった形で，科目横断的に学ぶ機会を設けるやり方もあるかもしれない。このような学習機会の提供は，「総合的な学習の時間」や「総合的な探求の時間」などの趣旨にも合致するであろうし，「知財

---

*49　この点については，小島・前掲注1・553頁以下。

*50　この問題についての貴重な研究として，ハンス・アビング（山本和弘訳）『金と芸術──なぜアーティストは貧乏なのか』（grambooks，2007年）がある。

*51　小島・前掲注1・555頁。この指摘は，日本音楽著作権協会におけるヒアリングの際に，牧昭宏氏（日本音楽著作権協会広報部部長〔当時〕）からなされたものである。

創造教育」もそのような教育を志向しているものと思われる。

⑷ 「多様性」と「包摂性」を兼ね備えた著作権制度のあり方

　本節の検討から分かるように，著作権は今や万人に関わるものになっており，そうであれば，著作権の制度設計は，多様なアクターに寄り添いつつ，それら多様なアクターを取りこぼすことなく「包摂（inclusion）」するものでなければならない。この「誰一人取り残さない」という「包摂性（社会的包摂）」の考え方は，国連が2030年までに達成すべきとしている「持続可能な開発目標（SDGs）」にも掲げられており，著作権に関する制度設計においても当然に目指されるべきものである[*52]。

　しかし，2019年（平成31年）の初めには，いわゆる「ダウンロード違法化」の問題をめぐって立法過程が混乱し，著作権法の所管官庁である文化庁が当初提出した法案（以下，「文化庁当初案」という）の国会提出が断念される事態が起きた[*53]。この背景には，いわゆる「海賊版対策」が目指されるべきであったにもかかわらず，文化庁当初案がその範囲を超えて広範な規制を志向した結果，私たちの情報収集活動や表現活動等に対する萎縮効果をもたらすのではないかという強い懸念が幅広いアクターから上がったことが挙げられる。

　この「ダウンロード違法化」の混乱から導かれる教訓は，**既に出来上がっている法律の条文**（法的ルール）**にとどまらず，それらの条文が作られる過程，すなわち政策形成過程やルール形成過程が，多様なアクターに配慮し，包摂的なものとなっているのかどうかという点に私たちがより関心を持たなくてはならないということである**[*54]。著作権法という法的ルールが作られる過程に関心を持つべきであるという点において，「著作権教育」は前述した「法教育」，「シティズンシップ教育」，「主権者教育」と重なるところが大きいといえる。

---

*52　外務省国際協力局地球規模課題総括課「持続可能な開発目標（SDGs）達成に向けて日本が果たす役割」（2020年）2頁（https://www.mofa.go.jp/mofaj/gaiko/oda/sdgs/pdf/2001sdgs_gaiyou.pdf）。

*53　この経緯については，小島・前掲注5・22頁。

*54　小島立「私たちは『多様性』と『包摂性』を兼ね備えた著作権制度をどのようにしてつくり上げるべきなのか？」ネットTAMリレーコラム「文化政策研究とアートマネジメントの現場（第3回）」（2019年）（https://www.nettam.jp/column/cultural-policy-management/3/）。

第6節　おわりに

　本章では，現在の「著作権教育」の課題を観察および分析したうえで，より良い「著作権教育」を行うための検討を行った。そこでは，著作権制度について，より多くの社会の構成員が「納得感」を持つことができるようにするために，著作権の存在理由や，著作権の果たす機能を明らかにするために，主に創作者と媒介者の間でなされる「リソース」のやり取りに注目しながら観察を行ったつもりである。

　「著作権教育」においては，私たちが創作者として著作物を社会に伝達して正当な評価を獲得し，それを通じて社会と関係性を構築する営みを維持するために著作権が重要な役割を果たしているという事実に加えて，創作者だけでなく媒介者の役割にも注目し，著作物やアクターの多様性に十分に配慮しながら，「ビジネス」の実態も含めて，著作権の機能を説明することこそが，著作権制度がより良い理解を得るために有意義であると確信している。本章が，今後のより良い「著作権教育」のための一助になることを願いながら筆を擱くこととする。

簡易検討フローチャート

START:

利用したいものは著作物か？（Q1・2）

    ┊···▸ NO

        利用する場面は研究か？

          ┊···▸ NO ···▸ 無許諾で利用可能

          └─ YES ─▸ 捏造（Q109）／改ざん（Q110）／盗用（Q111）といった研究不正行

                  為（Q108）を避けて利用

    ↓ YES

著作物は保護期間が切れている（Q3）／または公共の著作物か？（Q4）

    ┊ YES ─▸ パブリックドメインとして無許諾で利用可能

    ┊ NO

著作物はフリー素材か？（Q5）

    ┊ YES ─▸ 利用規約に従って利用

    ┊ NO

★引用フロー（Q80〜85・87・98）

著作物は公表されているか？（Q91・97）

著作物をふまえて自分の表現をする目的があるか？（Q68・88）

著作物と自分の表現が明瞭に区別されているか？（Q86）

著作物より自分の表現の方が多いか？（Q89）

著作物に自分の表現から独立した高い鑑賞性はないか？（Q90・94）

著作物の分量が多い場合，その全部を引用していないか？（Q93）

出典は明示したか？（Q92・95）

著作者の意に反する改変はしていないか？（Q96）

    ┊ 全て YES ─▸ 引用として無許諾で利用可能

    ┊ いずれか NO

★利用する場面ごとに各フローへ

利用する形態は「複製」（Q11）／「公の伝達」（Q15）／「公衆送信」（Q12〜14）か？

↓ YES

利用する場面は「授業」（Q18・19・44・68）／「授業の過程」（Q22・24・25・43）か？

著作物は「公表」されているか？（Q9・10）

あなたは教育機関に所属しているか？（Q6〜8）

あなたは教職員等／生徒・学生か？（Q16・17）

授業等で利用する目的で複製等したか？（Q20・21・26・65）

著作物は授業等の目的または効果との関係で必要か？（Q28・67）

著作物の共有対象は授業等の対象者（Q27）／または特定かつ少人数（Q23・64）か？

利用によって著作物の現在／将来の売れ行き等を低下させないか？（Q29〜38）

出典は明示したか？（Q41）

著作者の意に反する改変はしていないか？（Q42・67）

└ 全て YES ⟶ 複製／公の伝達をする場合　無許諾で利用可能

公衆送信をする場合　許諾は不要だが原則として補償金（Q39・40）の支払いが必要

•••▶ いずれか NO ••▶ 許諾が必要

↓ NO

利用する形態は「上演」／「演奏」／「上映」／「口述」か？（Q46・63）

↓ YES

著作物は公表されているか？（Q58）

「公衆送信」を行わないか？（Q58・65）

非営利かつ料金・報酬は発生しないか？（Q58・63）

出典は明示したか？（Q66）

各種制限からやむをえない範囲を超えて改変していないか？（Q66）

└ 全て YES ⟶ 無許諾で利用可能

•••▶ いずれか NO ••▶ 許諾が必要

↓ NO

許諾が必要（初等中等教育で授業フローを未検討の場合は★授業フローへ）

著作物は公表されているか？（Q72）

学校の管理下で作問したか？（Q76）

出典は明示したか？（Q73）

各種制限からやむをえない範囲を超えて改変していないか？（Q74・75）

┊・全て YES ━━▶ 複製をする場合　無許諾で利用可能

　　　　　　　　　公衆送信をする場合　著作権者の利益を不当に害しない限り

　　　　　　　　　（Q72），無許諾で利用可能

┊・いずれか NO ▪▶ 許諾が必要

＊過去問の利用につき，Q77〜79 参照

★その他私的使用フロー

利用する形態は「複製」か？（Q11）

┊YES

　　著作物は著作権者の許諾なくアップロード等されたものではないか？（Q48・

　　49・54・55・70）

　　メインの著作物以外に意図的に含めた著作物／判別可能な人の容姿はないか？

　　（Q57）

　　あなた自身が複製するか？（Q53・56）

　　複製の際にコピーガードを外していないか？（Q52）

　　著作物の共有対象は自分のみ／ごく親しい少人数か？（Q47・51・59・61・69）

　　共有する場合，著作者の氏名は表示したか？（Q50）

　　著作者の意に反する改変はしていないか？（Q50・71）

　　┊・全て YES ━━▶ 私的複製として無条件に利用可能

　　┊・いずれか NO ▪▶ 許諾が必要（生徒・学生の個人的な利用にも注意〔Q60〕）

┊NO

★行事フローへ

☆許諾手続

著作物が権利管理団体の管理対象か確認する（Q62）

　　管理対象の場合　当該団体へ連絡（リンク集参照）

　　管理対象でない場合　著作権者に直接連絡

☆著作権教育を考える（Theme1〜4）

☆自分が著作者の場合の権利を知る（Q45・99〜107）

巻末資料

リンク集

（※ライセンス条件については利用規約等を参照）

① イラスト

・いらすとや（https://www.irasutoya.com/）

・イラストレイン（https://illustrain.com/）

・プリントアウトファクトリー（https://www.printout.jp/）

・イラストAC（https://www.ac-illust.com/）

・タウンイラスト（http://town-illust.com/）　※街並みイラスト・建物等

・ダ鳥獣ギ画（https://chojugiga.com/）　※カラー化した鳥獣戯画

・フラットアイコンデザイン（http://flat-icon-design.com/）　※アイコン

② 写真

・pixabay（https://pixabay.com/）

・フォトック（https://www.photock.jp/）

・写真AC（https://www.photo-ac.com/）

・足成（http://www.ashinari.com/）

・pro.foto（https://pro-foto.jp/）

・ぱくたそ（https://www.pakutaso.com/）

・ビジトリーフォト（http://busitry-photo.info/）　※人物写真

・フード・フォト（https://food-foto.jp/）　※食物写真

③ BGM・効果音

・DOVA-SYNDROME（https://dova-s.jp/）

・Music-Note.jp（https://www.music-note.jp/）

・魔王魂（https://maoudamashii.jokersounds.com/）

・甘茶の音楽工房（https://amachamusic.chagasi.com/）

・OtoLogic（https://otologic.jp/）

・効果音ラボ（https://soundeffect-lab.info/）

・無料効果音で遊ぼう！（https://taira-komori.jpn.org/）

パブリックドメイン（保護期間経過後の著作物等）が掲載されているサイト

（※詳細は利用規約等参照）

・ジャパンサーチ（https://jpsearch.go.jp/）
　　※書籍等・文化財・メディア芸術等のデジタルアーカイブと連携した検索サイトで，
　　CC0 やパブリックドメイン等のコンテンツを検索できる「教育・商用利用検索」あり。
・国立国会図書館デジタルコレクション（https://dl.ndl.go.jp/）
　　※書籍・雑誌・音源等（著作権が存在するものも含まれる）
・青空文庫（https://www.aozora.gr.jp/）
　　※書籍（ただし，著作権が存在するものも含まれる）
・IMSLP（https://imslp.org/wiki/Main_Page）
　　※パブリックドメインの楽譜（ただし，国によっては保護期間が満了していない可能性
　　もあるとの免責事項あり）

ガイドライン

・著作物の教育利用に関する関係者フォーラム「改正著作権法第 35 条運用指針」
　（https://forum.sartras.or.jp/）
・文部科学大臣決定「研究活動における不正行為への対応等に関するガイドライン」
　（平成 26 年 8 月 26 日）（https://www.mext.go.jp/a_menu/jinzai/fusei/index.htm）

権利管理団体窓口

・一般社団法人授業目的公衆送信補償金等管理協会 SARTRAS（https://sartras.or.jp/）
・一般社団法人日本音楽著作権協会 JASRAC（https://www.jasrac.or.jp/index.html）
・公益社団法人日本複製権センター JRRC（https://jrrc.or.jp/）
・一般社団法人学術著作権協会 JAC（https://www.jaacc.org/）
・一般社団法人出版者著作権管理機構 JCOPY（https://www.jcopy.or.jp/）

リンク集

※有斐閣書籍ページ下部
「ウェブサポート」にて
ハイパーリンクを提供中。
右コードを読みこむ or
　🔍 有斐閣　著作権ガイド

著作権法（抜粋）

第1章　総則
　第1節　通則
（目的）
第1条　この法律は，著作物並びに実演，レコード，放送及び有線放送に関し著作者の権利及びこ
　れに隣接する権利を定め，これらの文化的所産の公正な利用に留意しつつ，著作者等の権利の保護
　を図り，もつて文化の発展に寄与することを目的とする。

（定義）
第2条①　この法律において，次の各号に掲げる用語の意義は，当該各号に定めるところによる。
　1　著作物　思想又は感情を創作的に表現したものであつて，文芸，学術，美術又は音楽の範囲に
　　属するものをいう。
　2　著作者　著作物を創作する者をいう。
　3　実演　著作物を，演劇的に演じ，舞い，演奏し，歌い，口演し，朗詠し，又はその他の方法に
　　より演ずること（これらに類する行為で，著作物を演じないが芸能的な性質を有するものを含
　　む。）をいう。
　4　実演家　俳優，舞踊家，演奏家，歌手その他実演を行う者及び実演を指揮し，又は演出する者
　　をいう。
　5　レコード　蓄音機用音盤，録音テープその他の物に音を固定したもの（音を専ら影像とともに
　　再生することを目的とするものを除く。）をいう。
　6　レコード製作者　レコードに固定されている音を最初に固定した者をいう。
　7の2　公衆送信　公衆によつて直接受信されることを目的として無線通信又は有線電気通信の送
　　信（電気通信設備で，その一の部分の設置の場所が他の部分の設置の場所と同一の構内（その構
　　内が2以上の者の占有に属している場合には，同一の者の占有に属する区域内）にあるものによ
　　る送信（プログラムの著作物の送信を除く。）を除く。）を行うことをいう。
　8　放送　公衆送信のうち，公衆によつて同一の内容の送信が同時に受信されることを目的として
　　行う無線通信の送信をいう。
　9の2　有線放送　公衆送信のうち，公衆によつて同一の内容の送信が同時に受信されることを目
　　的として行う有線電気通信の送信をいう。
　9の4　自動公衆送信　公衆送信のうち，公衆からの求めに応じ自動的に行うもの（放送又は有線
　　放送に該当するものを除く。）をいう。
　9の5　送信可能化　次のいずれかに掲げる行為により自動公衆送信し得るようにすることをいう。
　　イ　公衆の用に供されている電気通信回線に接続している自動公衆送信装置（公衆の用に供する
　　　電気通信回線に接続することにより，その記録媒体のうち自動公衆送信の用に供する部分（以
　　　下この号において「公衆送信用記録媒体」という。）に記録され，又は当該装置に入力される
　　　情報を自動公衆送信する機能を有する装置をいう。以下同じ。）の公衆送信用記録媒体に情報
　　　を記録し，情報が記録された記録媒体を当該自動公衆送信装置の公衆送信用記録媒体として加
　　　え，若しくは情報が記録された記録媒体を当該自動公衆送信装置の公衆送信用記録媒体に変換
　　　し，又は当該自動公衆送信装置に情報を入力すること。
　　ロ　その公衆送信用記録媒体に情報が記録され，又は当該自動公衆送信装置に情報が入力されて
　　　いる自動公衆送信装置について，公衆の用に供されている電気通信回線への接続（配線，自動
　　　公衆送信装置の始動，送受信用プログラムの起動その他の一連の行為により行われる場合には，
　　　当該一連の行為のうち最後のものをいう。）を行うこと。

11 二次的著作物 著作物を翻訳し，編曲し，若しくは変形し，又は脚色し，映画化し，その他翻案することにより創作した著作物をいう。

12 共同著作物 2人以上の者が共同して創作した著作物であつて，その各人の寄与を分離して個別的に利用することができないものをいう。

15 複製 印刷，写真，複写，録音，録画その他の方法により有形的に再製することをいい，次に掲げるものについては，それぞれ次に掲げる行為を含むものとする。

イ 脚本その他これに類する演劇用の著作物 当該著作物の上演，放送又は有線放送を録音し，又は録画すること。

16 上演 演奏（歌唱を含む。以下同じ。）以外の方法により著作物を演ずることをいう。

17 上映 著作物（公衆送信されるものを除く。）を映写幕その他の物に映写することをいい，これに伴つて映画の著作物において固定されている音を再生することを含むものとする。

18 口述 朗読その他の方法により著作物を口頭で伝達すること（実演に該当するものを除く。）をいう。

19 頒布 有償であるか又は無償であるかを問わず，複製物を公衆に譲渡し，又は貸与することをいい，映画の著作物又は映画の著作物において複製されている著作物にあつては，これらの著作物を公衆に提示することを目的として当該映画の著作物の複製物を譲渡し，又は貸与することを含むものとする。

⑤ この法律にいう「公衆」には，特定かつ多数の者を含むものとする。

⑦ この法律において，「上演」，「演奏」又は「口述」には，著作物の上演，演奏又は口述で録音され，又は録画されたものを再生すること（公衆送信又は上映に該当するものを除く。）及び著作物の上演，演奏又は口述を電気通信設備を用いて伝達すること（公衆送信に該当するものを除く。）を含むものとする。

（著作物の発行）

第3条① 著作物は，その性質に応じ公衆の要求を満たすことができる相当程度の部数の複製物が，第21条に規定する権利を有する者又はその許諾（第63条第1項の規定による利用の許諾をいう。以下この項，次条第1項……及び第63条を除き，以下この章及び次章において同じ。）を得た者……によつて作成され，頒布された場合（第26条，第26条の2第1項又は第26条の3に規定する権利を有する者の権利を害しない場合に限る。）において，発行されたものとする。

（著作物の公表）

第4条① 著作物は，発行され，又は第22条から第25条までに規定する権利を有する者若しくはその許諾（第63条第1項の規定による利用の許諾をいう。）を得た者……によつて上演，演奏，上映，公衆送信，口述若しくは展示の方法で公衆に提示された場合……において，公表されたものとする。

② 著作物は，第23条第1項に規定する権利を有する者又はその許諾を得た者……によつて送信可能化された場合には，公表されたものとみなす。

第2章 著作者の権利

第1節 著作物

（著作物の例示）

第10条① この法律にいう著作物を例示すると，おおむね次のとおりである。

1 小説，脚本，論文，講演その他の言語の著作物

2 音楽の著作物

3 舞踊又は無言劇の著作物

4 絵画，版画，彫刻その他の美術の著作物

5 建築の著作物

6　地図又は学術的な性質を有する図面，図表，模型その他の図形の著作物
　7　映画の著作物
　8　写真の著作物
　9　プログラムの著作物
②　事実の伝達にすぎない雑報及び時事の報道は，前項第1号に掲げる著作物に該当しない。
（編集著作物）
第12条①　編集物……でその素材の選択又は配列によつて創作性を有するものは，著作物として保
　　護する。

（権利の目的とならない著作物）
第13条　次の各号のいずれかに該当する著作物は，この章の規定による権利の目的となることがで
　　きない。
　1　憲法その他の法令
　2　国若しくは地方公共団体の機関，独立行政法人（独立行政法人通則法……第2条第1項に規定
　　する独立行政法人をいう。以下同じ。）又は地方独立行政法人（地方独立行政法人法……第2条
　　第1項に規定する地方独立行政法人をいう。以下同じ。）が発する告示，訓令，通達その他これ
　　らに類するもの
　3　裁判所の判決，決定，命令及び審判並びに行政庁の裁決及び決定で裁判に準ずる手続により行
　　われるもの
　4　前3号に掲げるものの翻訳物及び編集物で，国若しくは地方公共団体の機関，独立行政法人又
　　は地方独立行政法人が作成するもの
　　　第2節　著作者
（職務上作成する著作物の著作者）
第15条①　法人その他使用者（以下この条において「法人等」という。）の発意に基づきその法人
　　等の業務に従事する者が職務上作成する著作物（プログラムの著作物を除く。）で，その法人等が
　　自己の著作の名義の下に公表するものの著作者は，その作成の時における契約，勤務規則その他に
　　別段の定めがない限り，その法人等とする。
　　　第3節　権利の内容
　　　　第1款　総則
（著作者の権利）
第17条①　著作者は，次条第1項，第19条第1項及び第20条第1項に規定する権利（以下「著作
　　者人格権」という。）並びに第21条から第28条までに規定する権利（以下「著作権」という。）を
　　享有する。
　　　　第2款　著作者人格権
（公表権）
第18条①　著作者は，その著作物でまだ公表されていないもの（その同意を得ないで公表された著
　　作物を含む。以下この条において同じ。）を公衆に提供し，又は提示する権利を有する。当該著作
　　物を原著作物とする二次的著作物についても，同様とする。
（氏名表示権）
第19条①　著作者は，その著作物の原作品に，又はその著作物の公衆への提供若しくは提示に際し，
　　その実名若しくは変名を著作者名として表示し，又は著作者名を表示しないこととする権利を有す
　　る。その著作物を原著作物とする二次的著作物の公衆への提供又は提示に際しての原著作物の著作
　　者名の表示についても，同様とする。
②　著作物を利用する者は，その著作者の別段の意思表示がない限り，その著作物につきすでに著作
　　者が表示しているところに従つて著作者名を表示することができる。

（同一性保持権）

第20条① 著作者は，その著作物及びその題号の同一性を保持する権利を有し，その意に反してこれらの変更，切除その他の改変を受けないものとする。

② 前項の規定は，次の各号のいずれかに該当する改変については，適用しない。

　1　第33条第1項……，第33条の2第1項，第33条の3第1項又は第34条第1項の規定により著作物を利用する場合における用字又は用語の変更その他の改変で，学校教育の目的上やむを得ないと認められるもの

　4　前3号に掲げるもののほか，著作物の性質並びにその利用の目的及び態様に照らしやむを得ないと認められる改変

第3款　著作権に含まれる権利の種類

（複製権）

第21条　著作者は，その著作物を複製する権利を専有する。

（上演権及び演奏権）

第22条　著作者は，その著作物を，公衆に直接見せ又は聞かせることを目的として（以下「公に」という。）上演し，又は演奏する権利を専有する。

（上映権）

第22条の2　著作者は，その著作物を公に上映する権利を専有する。

（公衆送信権等）

第23条① 著作者は，その著作物について，公衆送信（自動公衆送信の場合にあつては，送信可能化を含む。）を行う権利を専有する。

② 著作者は，公衆送信されるその著作物を受信装置を用いて公に伝達する権利を専有する。

（口述権）

第24条　著作者は，その言語の著作物を公に口述する権利を専有する。

（展示権）

第25条　著作者は，その美術の著作物又はまだ発行されていない写真の著作物をこれらの原作品により公に展示する権利を専有する。

（譲渡権）

第26条の2① 著作者は，その著作物（映画の著作物を除く。以下この条において同じ。）をその原作品又は複製物（映画の著作物において複製されている著作物にあつては，当該映画の著作物の複製物を除く。以下この条において同じ。）の譲渡により公衆に提供する権利を専有する。

（翻訳権，翻案権等）

第27条　著作者は，その著作物を翻訳し，編曲し，若しくは変形し，又は脚色し，映画化し，その他翻案する権利を専有する。

（二次的著作物の利用に関する原著作者の権利）

第28条　二次的著作物の原著作物の著作者は，当該二次的著作物の利用に関し，この款に規定する権利で当該二次的著作物の著作者が有するものと同一の種類の権利を専有する。

第5款　著作権の制限

（私的使用のための複製）

第30条① 著作権の目的となつている著作物（以下この款において単に「著作物」という。）は，個人的に又は家庭内その他これに準ずる限られた範囲内において使用すること（以下「私的使用」という。）を目的とするときは，次に掲げる場合を除き，その使用する者が複製することができる。

　1　公衆の使用に供することを目的として設置されている自動複製機器（複製の機能を有し，これに関する装置の全部又は主要な部分が自動化されている機器をいう。）を用いて複製する場合

　2　技術的保護手段の回避……により可能となり，又はその結果に障害が生じないようになつた複

製を，その事実を知りながら行う場合

3　著作権を侵害する自動公衆送信（国外で行われる自動公衆送信であつて，国内で行われたとしたならば著作権の侵害となるべきものを含む。）を受信して行うデジタル方式の録音又は録画（以下この号及び次項において「特定侵害録音録画」という。）を，特定侵害録音録画であることを知りながら行う場合

4　著作権（第28条に規定する権利（翻訳以外の方法により創作された二次的著作物に係るものに限る。）を除く。以下この号において同じ。）を侵害する自動公衆送信（国外で行われる自動公衆送信であつて，国内で行われたとしたならば著作権の侵害となるべきものを含む。）を受信して行うデジタル方式の複製（録音及び録画を除く。以下この号において同じ。）（当該著作権に係る著作物のうち当該複製がされる部分の占める割合，当該部分が自動公衆送信される際の表示の精度その他の要素に照らし軽微なものを除く。以下この号及び次項において「特定侵害複製」という。）を，特定侵害複製であることを知りながら行う場合（当該著作物の種類及び用途並びに当該特定侵害複製の態様に照らし著作権者の利益を不当に害しないと認められる特別な事情がある場合を除く。）

② 　前項第3号及び第4号の規定は，特定侵害録音録画又は特定侵害複製であることを重大な過失により知らないで行う場合を含むものと解釈してはならない。

（付随対象著作物の利用）

第30条の2①　写真の撮影，録音，録画，放送その他これらと同様に事物の影像又は音を複製し，又は複製を伴うことなく伝達する行為（以下この項において「複製伝達行為」という。）を行うに当たつて，その対象とする事物又は音（以下この項において「複製伝達対象事物等」という。）に付随して対象となる事物又は音（複製伝達対象事物等の一部を構成するものとして対象となる事物又は音を含む。以下この項において「付随対象事物等」という。）に係る著作物（当該複製伝達行為により作成され，又は伝達されるもの（以下この条において「作成伝達物」という。）のうち当該著作物の占める割合，当該作成伝達物における当該著作物の再製の精度その他の要素に照らし当該作成伝達物において当該著作物が軽微な構成部分となる場合における当該著作物に限る。以下この条において「付随対象著作物」という。）は，当該付随対象著作物の利用により利益を得る目的の有無，当該付随対象事物等の当該複製伝達対象事物等からの分離の困難性の程度，当該作成伝達物において当該付随対象著作物が果たす役割その他の要素に照らし正当な範囲内において，当該複製伝達行為に伴つて，いずれの方法によるかを問わず，利用することができる。ただし，当該付随対象著作物の種類及び用途並びに当該利用の態様に照らし著作権者の利益を不当に害することとなる場合は，この限りでない。

② 　前項の規定により利用された付随対象著作物は，当該付随対象著作物に係る作成伝達物の利用に伴つて，いずれの方法によるかを問わず，利用することができる。ただし，当該付随対象著作物の種類及び用途並びに当該利用の態様に照らし著作権者の利益を不当に害することとなる場合は，この限りでない。

（図書館等における複製等）

第31条①　国立国会図書館及び図書，記録その他の資料を公衆の利用に供することを目的とする図書館その他の施設で政令で定めるもの（以下この項……において「図書館等」という。）においては，次に掲げる場合には，その営利を目的としない事業として，図書館等の図書，記録その他の資料……を用いて著作物を複製することができる。

1　図書館等の利用者の求めに応じ，その調査研究の用に供するために，公表された著作物の一部分（発行後相当期間を経過した定期刊行物に掲載された個々の著作物にあつては，その全部。……）の複製物を1人につき1部提供する場合

（引用）

第32条① 公表された著作物は，引用して利用することができる。この場合において，その引用は，公正な慣行に合致するものであり，かつ，報道，批評，研究その他の引用の目的上正当な範囲内で行なわれるものでなければならない。

② 国若しくは地方公共団体の機関，独立行政法人又は地方独立行政法人が一般に周知させることを目的として作成し，その著作の名義の下に公表する広報資料，調査統計資料，報告書その他これらに類する著作物は，説明の材料として新聞紙，雑誌その他の刊行物に転載することができる。ただし，これを禁止する旨の表示がある場合は，この限りでない。

（教科用図書等への掲載）

第33条① 公表された著作物は，学校教育の目的上必要と認められる限度において，教科用図書（学校教育法……第34条第1項……に規定する教科用図書をいう。以下同じ。）に掲載することができる。

（教科用図書代替教材への掲載等）

第33条の2① 教科用図書に掲載された著作物は，学校教育の目的上必要と認められる限度において，教科用図書代替教材（学校教育法……第34条第2項に規定する教材をいう。以下この項……において同じ。）に掲載し，及び教科用図書代替教材の当該使用に伴つていずれの方法によるかを問わず利用することができる。

（教科用拡大図書等の作成のための複製等）

第33条の3① 教科用図書に掲載された著作物は，視覚障害，発達障害その他の障害により教科用図書に掲載された著作物を使用することが困難な児童又は生徒の学習の用に供するため，当該教科用図書に用いられている文字，図形等の拡大その他の当該児童又は生徒が当該著作物を使用するために必要な方式により複製することができる。

（学校教育番組の放送等）

第34条① 公表された著作物は，学校教育の目的上必要と認められる限度において，学校教育に関する法令の定める教育課程の基準に準拠した学校向けの放送番組又は有線放送番組において放送し，若しくは有線放送し，又は当該放送を受信して同時に専ら当該放送に係る放送対象地域……において受信されることを目的として自動公衆送信……を行い，及び当該放送番組又は有線放送番組用の教材に掲載することができる。

（学校その他の教育機関における複製等）

第35条① 学校その他の教育機関（営利を目的として設置されているものを除く。）において教育を担任する者及び授業を受ける者は，その授業の過程における利用に供することを目的とする場合には，その必要と認められる限度において，公表された著作物を複製し，若しくは公衆送信（自動公衆送信の場合にあつては，送信可能化を含む。以下この条において同じ。）を行い，又は公表された著作物であつて公衆送信されるものを受信装置を用いて公に伝達することができる。ただし，当該著作物の種類及び用途並びに当該複製の部数及び当該複製，公衆送信又は伝達の態様に照らし著作権者の利益を不当に害することとなる場合は，この限りでない。

② 前項の規定により公衆送信を行う場合には，同項の教育機関を設置する者は，相当な額の補償金を著作権者に支払わなければならない。

③ 前項の規定は，公表された著作物について，第1項の教育機関における授業の過程において，当該授業を直接受ける者に対して当該著作物をその原作品若しくは複製物を提供し，若しくは提示して利用する場合又は当該著作物を第38条第1項の規定により上演し，演奏し，上映し，若しくは口述して利用する場合において，当該授業が行われる場所以外の場所において当該授業を同時に受ける者に対して公衆送信を行うときには，適用しない。

（試験問題としての複製等）

第36条① 公表された著作物については，入学試験その他人の学識技能に関する試験又は検定の目

的上必要と認められる限度において，当該試験又は検定の問題として複製し，又は公衆送信（放送又は有線放送を除き，自動公衆送信の場合にあつては送信可能化を含む。次項において同じ。）を行うことができる。ただし，当該著作物の種類及び用途並びに当該公衆送信の態様に照らし著作権者の利益を不当に害することとなる場合は，この限りでない。

② 営利を目的として前項の複製又は公衆送信を行う者は，通常の使用料の額に相当する額の補償金を著作権者に支払わなければならない。

（営利を目的としない上演等）

第38条① 公表された著作物は，営利を目的とせず，かつ，聴衆又は観衆から料金（いずれの名義をもつてするかを問わず，著作物の提供又は提示につき受ける対価をいう。以下この条において同じ。）を受けない場合には，公に上演し，演奏し，上映し，又は口述することができる。ただし，当該上演，演奏，上映又は口述について実演家又は口述を行う者に対し報酬が支払われる場合は，この限りでない。

（翻訳，翻案等による利用）

第47条の6① 次の各号に掲げる規定により著作物を利用することができる場合には，当該著作物について，当該規定の例により当該各号に定める方法による利用を行うことができる。

1 第30条第1項，……第35条第1項又は前条第2項 翻訳，編曲，変形又は翻案

2 ……第32条，第36条第1項…… 翻訳

② 前項の規定により創作された二次的著作物は，当該二次的著作物の原著作物を同項各号に掲げる規定……により利用することができる場合には，原著作物の著作者その他の当該二次的著作物の利用に関して第28条に規定する権利を有する者との関係においては，当該二次的著作物を前項各号に掲げる規定に規定する著作物に該当するものとみなして，当該各号に掲げる規定による利用を行うことができる。

（複製権の制限により作成された複製物の譲渡）

第47条の7 第30条の2第2項，……第32条……，第35条第1項，第36条第1項……の規定により複製することができる著作物は，これらの規定の適用を受けて作成された複製物（……第36条第1項……の規定に係る場合にあつては，映画の著作物の複製物……を除く。）の譲渡により公衆に提供することができる。ただし，……第35条第1項……の規定の適用を受けて作成された著作物の複製物……を……第35条第1項……に定める目的以外の目的のために公衆に譲渡する場合……は，この限りでない。

（出所の明示）

第48条① 次の各号に掲げる場合には，当該各号に規定する著作物の出所を，その複製又は利用の態様に応じ合理的と認められる方法及び程度により，明示しなければならない。

1 第32条……の規定により著作物を複製する場合

3 第32条の規定により著作物を複製以外の方法により利用する場合又は第35条第1項，第36条第1項，第38条第1項……の規定により著作物を利用する場合において，その出所を明示する慣行があるとき。

② 前項の出所の明示に当たつては，これに伴い著作者名が明らかになる場合及び当該著作物が無名のものである場合を除き，当該著作物につき表示されている著作者名を示さなければならない。

③ 次の各号に掲げる場合には，前2項の規定の例により，当該各号に規定する二次的著作物の原著作物の出所を明示しなければならない。

2 第47条の6第1項の規定により創作された二次的著作物を同条第2項の規定の適用を受けて同条第1項各号に掲げる規定により利用する場合

（複製物の目的外使用等）

第49条① 次に掲げる者は，第21条の複製を行つたものとみなす。

1　第30条第1項，……第35条第1項……に定める目的以外の目的のために，これらの規定の適用を受けて作成された著作物の複製物（次項第1号又は第2号の複製物に該当するものを除く。）を頒布し，又は当該複製物によって当該著作物の公衆への提示（送信可能化を含む。以下同じ。）を行つた者

②　次に掲げる者は，当該二次的著作物の原著作物につき第27条の翻訳，編曲，変形又は翻案を，当該二次的著作物につき第21条の複製を，それぞれ行つたものとみなす。

1　第30条第1項，……第35条第1項……に定める目的以外の目的のために，第47条の6第2項の規定の適用を受けて同条第1項各号に掲げるこれらの規定により作成された二次的著作物の複製物を頒布し，又は当該複製物によつて当該二次的著作物の公衆への提示を行つた者

（著作者人格権との関係）

第50条　この款の規定は，著作者人格権に影響を及ぼすものと解釈してはならない。

第4節　保護期間

（保護期間の原則）

第51条②　著作権は，この節に別段の定めがある場合を除き，著作者の死後（共同著作物にあつては，最終に死亡した著作者の死後。次条第1項において同じ。）70年を経過するまでの間，存続する。

（無名又は変名の著作物の保護期間）

第52条①　無名又は変名の著作物の著作権は，その著作物の公表後70年を経過するまでの間，存続する。ただし，その存続期間の満了前にその著作者の死後70年を経過していると認められる無名又は変名の著作物の著作権は，その著作者の死後70年を経過したと認められる時において，消滅したものとする。

（団体名義の著作物の保護期間）

第53条①　法人その他の団体が著作の名義を有する著作物の著作権は，その著作物の公表後70年（その著作物がその創作後70年以内に公表されなかつたときは，その創作後70年）を経過するまでの間，存続する。

（映画の著作物の保護期間）

第54条①　映画の著作物の著作権は，その著作物の公表後70年（その著作物がその創作後70年以内に公表されなかつたときは，その創作後70年）を経過するまでの間，存続する。

②　映画の著作物の著作権がその存続期間の満了により消滅したときは，当該映画の著作物の利用に関するその原著作物の著作権は，当該映画の著作物の著作権とともに消滅したものとする。

（保護期間の計算方法）

第57条　第51条第2項，第52条第1項，第53条第1項又は第54条第1項の場合において，著作者の死後70年又は著作物の公表後70年若しくは創作後70年の期間の終期を計算するときは，著作者が死亡した日又は著作物が公表され若しくは創作された日のそれぞれ属する年の翌年から起算する。

第5節　著作者人格権の一身専属性等

（著作者が存しなくなつた後における人格的利益の保護）

第60条　著作物を公衆に提供し，又は提示する者は，その著作物の著作者が存しなくなつた後においても，著作者が存しているとしたならばその著作者人格権の侵害となるべき行為をしてはならない。ただし，その行為の性質及び程度，社会的事情の変動その他によりその行為が当該著作者の意を害しないと認められる場合は，この限りでない。

第6節　著作権の譲渡及び消滅

（著作権の譲渡）

第61条①　著作権は，その全部又は一部を譲渡することができる。

② 著作権を譲渡する契約において，第27条又は第28条に規定する権利が譲渡の目的として特掲されていないときは，これらの権利は，譲渡した者に留保されたものと推定する。

第7節　権利の行使

（著作物の利用の許諾）

第63条①　著作権者は，他人に対し，その著作物の利用を許諾することができる。

②　前項の許諾を得た者は，その許諾に係る利用方法及び条件の範囲内において，その許諾に係る著作物を利用することができる。

（共同著作物の著作者人格権の行使）

第64条①　共同著作物の著作者人格権は，著作者全員の合意によらなければ，行使することができない。

③　共同著作物の著作者は，そのうちからその著作者人格権を代表して行使する者を定めることができる。

（共有著作権の行使）

第65条②　共有著作権は，その共有者全員の合意によらなければ，行使することができない。

第10節　登録

（第一発行年月日等の登録）

第76条①　著作権者又は無名若しくは変名の著作物の発行者は，その著作物について第一発行年月日の登録又は第一公表年月日の登録を受けることができる。

第4章　著作隣接権

第2節　実演家の権利

（氏名表示権）

第90条の2①　実演家は，その実演の公衆への提供又は提示に際し，その氏名若しくはその芸名その他氏名に代えて用いられるものを実演家名として表示し，又は実演家名を表示しないこととする権利を有する。

（同一性保持権）

第90条の3①　実演家は，その実演の同一性を保持する権利を有し，自己の名誉又は声望を害するその実演の変更，切除その他の改変を受けないものとする。

②　前項の規定は，実演の性質並びにその利用の目的及び態様に照らしやむを得ないと認められる改変又は公正な慣行に反しないと認められる改変については，適用しない。

（録音権及び録画権）

第91条①　実演家は，その実演を録音し，又は録画する権利を専有する。

②　前項の規定は，同項に規定する権利を有する者の許諾を得て映画の著作物において録音され，又は録画された実演については，これを録音物……に録音する場合を除き，適用しない。

（放送権及び有線放送権）

第92条①　実演家は，その実演を放送し，又は有線放送する権利を専有する。

②　前項の規定は，次に掲げる場合には，適用しない。

　1　放送される実演を有線放送する場合

　2　次に掲げる実演を放送し，又は有線放送する場合

　　イ　前条第1項に規定する権利を有する者の許諾を得て録音され，又は録画されている実演

　　ロ　前条第2項の実演で同項の録音物以外の物に録音され，又は録画されているもの

（送信可能化権）

第92条の2①　実演家は，その実演を送信可能化する権利を専有する。

②　前項の規定は，次に掲げる実演については，適用しない。

　1　第91条第1項に規定する権利を有する者の許諾を得て録画されている実演

2　第91条第2項の実演で同項の録音物以外の物に録音され，又は録画されているもの

第3節　レコード製作者の権利

（複製権）

第96条　レコード製作者は，そのレコードを複製する権利を専有する。

（送信可能化権）

第96条の2　レコード製作者は，そのレコードを送信可能化する権利を専有する。

第4節　放送事業者の権利

（複製権）

第98条　放送事業者は，その放送又はこれを受信して行なう有線放送を受信して，その放送に係る音又は影像を録音し，録画し，又は写真その他これに類似する方法により複製する権利を専有する。

第5節　有線放送事業者の権利

（複製権）

第100条の2　有線放送事業者は，その有線放送を受信して，その有線放送に係る音又は影像を録音し，録画し，又は写真その他これに類似する方法により複製する権利を専有する。

第8節　権利の制限，譲渡及び行使等並びに登録

（著作隣接権の制限）

第102条①　第30条第1項（第4号を除く。第9項第1号において同じ。），……第32条……，第35条，第36条……の規定は，著作隣接権の目的となつている実演，レコード，放送又は有線放送の利用について準用し，……第47条の7の規定は，著作隣接権の目的となつている実演又はレコードの利用について準用……する。……

②　前項において準用する第32条……の規定により実演若しくはレコード又は放送若しくは有線放送に係る音若しくは影像（以下「実演等」と総称する。）を複製する場合において，その出所を明示する慣行があるときは，これらの複製の態様に応じ合理的と認められる方法及び程度により，その出所を明示しなければならない。

⑨　次に掲げる者は，第91条第1項，第96条，第98条又は第100条の2の録音，録画又は複製を行つたものとみなす。

1　第1項において準用する第30条第1項，……第35条第1項……に定める目的以外の目的のために，これらの規定の適用を受けて作成された実演等の複製物を頒布し，又は当該複製物によつて当該実演，当該レコードに係る音若しくは当該放送若しくは有線放送に係る音若しくは影像の公衆への提示を行つた者

第5章　著作権等の制限による利用に係る補償金

第2節　授業目的公衆送信補償金

（授業目的公衆送信補償金を受ける権利の行使）

第104条の11①　第35条第2項（第102条第1項において準用する場合を含む。第104条の13第2項及び第104条の14第2項において同じ。）の補償金（以下この節において「授業目的公衆送信補償金」という。）を受ける権利は，授業目的公衆送信補償金を受ける権利を有する者……のためにその権利を行使することを目的とする団体であつて，全国を通じて1個に限りその同意を得て文化庁長官が指定するもの（以下この節において「指定管理団体」という。）があるときは，当該指定管理団体によつてのみ行使することができる。

（授業目的公衆送信補償金の額）

第104条の13①　第104条の11第1項の規定により指定管理団体が授業目的公衆送信補償金を受ける権利を行使する場合には，指定管理団体は，授業目的公衆送信補償金の額を定め，文化庁長官の認可を受けなければならない。これを変更しようとするときも，同様とする。

②　前項の認可があつたときは，授業目的公衆送信補償金の額は，第35条第2項の規定にかかわら

ず，その認可を受けた額とする。

第7章　権利侵害

（差止請求権）

第112条① 著作者，著作権者，出版権者，実演家又は著作隣接権者は，その著作者人格権，著作権，出版権，実演家人格権又は著作隣接権を侵害する者又は侵害するおそれがある者に対し，その侵害の停止又は予防を請求することができる。

（侵害とみなす行為）

第113条② 送信元識別符号又は送信元識別符号以外の符号その他の情報であつてその提供が送信元識別符号の提供と同一若しくは類似の効果を有するもの（以下この項及び次項において「送信元識別符号等」という。）の提供により侵害著作物等（著作権……，出版権又は著作隣接権を侵害して送信可能化が行われた著作物等をいい，国外で行われる送信可能化であつて国内で行われたとしたならばこれらの権利の侵害となるべきものが行われた著作物等を含む。以下この項及び次項において同じ。）の他人による利用を容易にする行為（同項において「侵害著作物等利用容易化」という。）であつて，第1号に掲げるウェブサイト等（同項及び第119条第2項第4号において「侵害著作物等利用容易化ウェブサイト等」という。）において又は第2号に掲げるプログラム（次項及び同条第2項第5号において「侵害著作物等利用容易化プログラム」という。）を用いて行うものは，当該行為に係る著作物等が侵害著作物等であることを知つていた場合又は知ることができたと認めるに足りる相当の理由がある場合には，当該侵害著作物等に係る著作権，出版権又は著作隣接権を侵害する行為とみなす。

1　次に掲げるウェブサイト等

　　イ　当該ウェブサイト等において，侵害著作物等に係る送信元識別符号等（以下この条及び第119条第2項において「侵害送信元識別符号等」という。）の利用を促す文言が表示されていること，侵害送信元識別符号等が強調されていることその他の当該ウェブサイト等における侵害送信元識別符号等の提供の態様に照らし，公衆を侵害著作物等に殊更に誘導するものであると認められるウェブサイト等

　　ロ　イに掲げるもののほか，当該ウェブサイト等において提供されている侵害送信元識別符号等の数，当該数が当該ウェブサイト等において提供されている送信元識別符号等の総数に占める割合，当該侵害送信元識別符号等の利用に資する分類又は整理の状況その他の当該ウェブサイト等における侵害送信元識別符号等の提供の状況に照らし，主として公衆による侵害著作物等の利用のために用いられるものであると認められるウェブサイト等

2　次に掲げるプログラム

　　イ　当該プログラムによる送信元識別符号等の提供に際し，侵害送信元識別符号等の利用を促す文言が表示されていること，侵害送信元識別符号等が強調されていることその他の当該プログラムによる送信元識別符号等の提供の態様に照らし，公衆を侵害著作物等に殊更に誘導するものであると認められるプログラム

　　ロ　イに掲げるもののほか，当該プログラムにより提供されている侵害送信元識別符号等の数，当該数が当該プログラムにより提供されている送信元識別符号等の総数に占める割合，当該侵害送信元識別符号等の利用に資する分類又は整理の状況その他の当該プログラムによる侵害送信元識別符号等の提供の状況に照らし，主として公衆による侵害著作物等の利用のために用いられるものであると認められるプログラム

③ 侵害著作物等利用容易化ウェブサイト等の公衆への提示を行つている者……又は侵害著作物等利用容易化プログラムの公衆への提供等を行つている者……が，当該侵害著作物等利用容易化ウェブサイト等において又は当該侵害著作物等利用容易化プログラムを用いて他人による侵害著作物等利用容易化に係る送信元識別符号等の提供が行われている場合であつて，かつ，当該送信元識別符号

等に係る著作物等が侵害著作物等であることを知つている場合又は知ることができたと認めるに足りる相当の理由がある場合において，当該侵害著作物等利用容易化を防止する措置を講ずることが技術的に可能であるにもかかわらず当該措置を講じない行為は，当該侵害著作物等に係る著作権，出版権又は著作隣接権を侵害する行為とみなす。

⑪　著作者の名誉又は声望を害する方法によりその著作物を利用する行為は，その著作者人格権を侵害する行為とみなす。

第8章　罰則

第119条①　著作権，出版権又は著作隣接権を侵害した者……は，10年以下の懲役若しくは1000万円以下の罰金に処し，又はこれを併科する。

②　次の各号のいずれかに該当する者は，5年以下の懲役若しくは500万円以下の罰金に処し，又はこれを併科する。

　1　著作者人格権又は実演家人格権を侵害した者……

　3　第113条第1項の規定により著作権，出版権又は著作隣接権を侵害する行為とみなされる行為を行つた者

　4　侵害著作物等利用容易化ウェブサイト等の公衆への提示を行つた者……

　5　侵害著作物等利用容易化プログラムの公衆への提供等を行つた者……

③　次の各号のいずれかに該当する者は，2年以下の懲役若しくは200万円以下の罰金に処し，又はこれを併科する。

　1　第30条第1項に定める私的使用の目的をもつて，録音録画有償著作物等（録音され，又は録画された著作物又は実演等……であつて，有償で公衆に提供され，又は提示されているもの……をいう。）の著作権を侵害する自動公衆送信……又は著作隣接権を侵害する送信可能化……に係る自動公衆送信を受信して行うデジタル方式の録音又は録画（以下この号及び次項において「有償著作物等特定侵害録音録画」という。）を，自ら有償著作物等特定侵害録音録画であることを知りながら行つて著作権又は著作隣接権を侵害した者

　2　第30条第1項に定める私的使用の目的をもつて，著作物……であつて有償で公衆に提供され，又は提示されているもの……の著作権……を侵害する自動公衆送信……を受信して行うデジタル方式の複製……（当該著作物のうち当該複製がされる部分の占める割合，当該部分が自動公衆送信される際の表示の精度その他の要素に照らし軽微なものを除く。以下この号……において「有償著作物特定侵害複製」という。）を，自ら有償著作物特定侵害複製であることを知りながら行つて著作権を侵害する行為（当該著作物の種類及び用途並びに当該有償著作物特定侵害複製の態様に照らし著作権者の利益を不当に害しないと認められる特別な事情がある場合を除く。）を継続的に又は反復して行つた者

第120条の2　次の各号のいずれかに該当する者は，3年以下の懲役若しくは300万円以下の罰金に処し，又はこれを併科する。

　3　第113条第2項の規定により著作権，出版権又は著作隣接権を侵害する行為とみなされる行為を行つた者

第122条　第48条又は第102条第2項の規定に違反した者は，50万円以下の罰金に処する。

附則抄

（自動複製機器についての経過措置）

第5条の2　著作権法第30条第1項第1号……の規定の適用については，当分の間，これらの規定に規定する自動複製機器には，専ら文書又は図画の複製に供するものを含まないものとする。

事項索引

事項索引

教育現場と研究者のための著作権ガイド
Copyright Guide for Educators and Researchers

2021 年 3 月 25 日　初版第 1 刷発行
2024 年 8 月 30 日　初版第 4 刷発行

編　者	上　野　達　弘	
発行者	江　草　貞　治	
発行所	株式会社	有　斐　閣

郵便番号 101-0051
東京都千代田区神田神保町 2-17
https://www.yuhikaku.co.jp/

印刷・大日本法令印刷株式会社／製本・牧製本印刷株式会社
© 2021, T. Ueno.　Printed in Japan
落丁・乱丁本はお取替えいたします。

★定価はカバーに表示してあります。
ISBN 978-4-641-24344-6